U0803045

JIEMI WENMING GUGUO

解密文明古国

辉煌古希腊

牛建军◎编著

中州古籍出版社

图书在版编目(CIP)数据

辉煌古希腊 / 牛建军编著. -- 郑州：中州古籍出版社, 2014.1
（解密文明古国）
ISBN 978-7-5348-4220-7

Ⅰ. ①辉… Ⅱ. ①牛… Ⅲ. ①古希腊—历史—青年读物②古希腊—历史—少年读物 Ⅳ. ①K125-49

中国版本图书馆 CIP 数据核字 (2013) 第 074186 号

出版社： 中州古籍出版社
（地址：郑州市经五路 66 号　邮政编码：450002）

发行单位： 新华书店

承印单位： 永清县晔盛亚胶印有限公司

开本： 787mm × 1092mm　1/16　**印张：** 9

字数： 117 千字

版次： 2014 年 1 月第 1 版　**印次：** 2014 年 1 月第 1 次印刷

定价： 29.80 元

本书如有印装质量问题，由承印厂负责调换。

前　　言

关于希腊，人们有太多的联想：水蓝的天、洁白的建筑群、美丽的爱琴海、热力无比的天堂海滩、令人称奇的日落美景、爱恨纠葛的神话故事、沉默不语的帕特农、高深莫测的希腊哲学……

一提起古希腊文明，我们就会想到雅典的那些古迹，因此很多人在去拜访迈锡尼考古遗址的时候，都憧憬着可以看到精美的建筑遗址之类的东西，但是到了那里放眼望去，只是光秃秃的石头山，山上有一些堆砌得相对工整的石头而已，根本看不到任何宏伟的城市建筑遗址之类的东西。要是没有人告诉你这里曾经是迈锡尼文明发源地的话，估计绝大多数人根本不会把那些有规律堆放的石头当回事。这些堆砌得相对工整的石头其实就是当年城市建筑的一部分，经过历史的变迁变成现在的样子——只剩下一些石头堆积的地基了，看来这个迈锡尼文明发源得比较

希腊建筑

早，社会还没有进化到想象的那样发达的阶段。

在古希腊文明兴起之前约800年，爱琴海地区就孕育了灿烂的克里特文明和迈锡尼文明。大约在公元前1200年，多利亚人的入侵毁灭了迈锡尼文明，希腊历史进入所谓“黑暗时代”，又称“荷马时代”。在荷马时代末期，铁器得到推广，取代了青铜器；海上贸易也重新发达，新的城邦国家纷纷建立。希腊人使用腓尼基字母创造了自己的文字，并于公元前776年召开了第一次奥林匹克运动会。奥林匹克运动会的召开也标志着古希腊文明进入了兴盛时期。公元前750年左右，随着人口增长，希腊人开始向外殖民。在此后的250年间，新的希腊城邦遍及包括小亚细亚和北非在内的地中海沿岸。在诸城邦中，势力最大的是斯巴达和雅典。古希腊人在文学、戏剧、雕塑、建筑、哲学等诸多方面有很深的造诣。这一文明遗产在古希腊灭亡后，被古罗马人破坏性地延续下去，从而成为整个西方文明的精神源泉。

在世界文明史上，古希腊文明以其特有的风采与卓越的成就享誉后世，以至有“言必称希腊”之说。的确，它的文化创造达到了人类文明的第一个高峰。于是，古希腊文明的勃兴和它的“后来居上”，它的光灿夺目的业绩，被学界称为“希腊的奇迹”。本书搜集了大量史学资料和考古资料，从古希腊的地理位置、神话故事、历史战争、哲人的思考以及古希腊的科技之光等方面，来介绍古希腊文明这个人类创造的伟大奇迹。

让我们一起走进古希腊，借着亚里士多德为我们点燃的智慧的烛火，去拥抱灿烂的古希腊文明。

目录

CONTENTS

第一章　在爱琴海的怀抱里

忧伤的爱琴海

琴是希腊有名的竖琴师。相传她的琴声能使盛怒中的波塞冬恢复平静；能让善妒的赫拉心生宽容；能令阴沉的哈得斯绽露笑容。

美丽的姑娘弹奏竖琴

慕她之名，年轻的国王派来了使者向琴求婚，可是琴却毫不留情地拒绝了他。琴说："我不会抚琴给只知享乐的国王听"。使者把她的话原封不动地告诉了国王，可谁想国王听后竟然笑了。

第二天清晨，国王来到了琴所在的地方。他在美妙琴声的引领下，在雅典娜种的橄榄树旁见到了他倾慕的姑娘。微风轻抚着她细嫩的脸庞，夜莺站在她的肩头陪她歌唱，阵阵花香缠绕在她的指尖随着拨出的音符飘向远方。

琴忽然觉得四周有股炽热的光线。她抬头望去，迎向了比天空更纯净、比大海更深邃的目光。一时间，他们的眼中只有彼此。

事情的发展比故事更美，琴和国王的爱情没有遭到皇室的阻挠。在人民和所有王公贵族的祝福声中琴被接进宫廷，跟国王一起走上了红地毯。

当所有人都认为他们的未来会像童话一样时，来自地狱最黑暗的诅咒降临到他们身上。原本很友好的邻国突然发动了可怕的战争，为了子民的安全，国王不得不立刻奔赴战场，就在新婚之夜离开了深爱的姑娘。

琴每天都会抚琴给远方的国王，但是却等来了他战死沙场的消息。琴就在那天披上国王的染血战袍，用拨动琴弦的手指指挥残酷的战争。

在举国欢庆胜利的时刻，在万里无云的天空下，放在琴膝上的国王的战袍被一颗一颗晶莹的水珠打得透湿。

每天清早，琴就到处收集散落的露珠，她知道那是国王对她爱的回应。每天晚上琴就会对着夜空抚琴，她希望在天堂的国王可以听到。直到她永远睡去不再醒来的那天，人们把琴用一生收集的五百二十一万三千三百四十四瓶露水全部倒在她沉睡的地方。就在最后一滴露水落在地上时，奇迹发生了：琴的坟边涌出一股清泉，拥抱着她的身体。之后，由泉变溪，由溪成河，由河聚海。

从此在希腊就有了一片清澈的海，人们都叫它“爱琴海”。

海洋的国度

历史是人类创造的。正如马克思指出的：“人们自己创造自己的历史。”但是作为历史主体的人，他不可能凭空创造历史，而是要借助于一定的舞台和背景，这舞台和背景就是地理环境，地理环境是人类社会存在的必不可少的客观物质条件。古希腊高度发达的文明与其地理环境密切相关。

古希腊文明的“舞台”

古希腊是古代世界的一个重要国家，是欧洲文明的发源地。。古希腊的地理范围包括希腊半岛、爱琴海诸岛和小亚细亚西部海岸。它的文化对以后欧洲各国的文化发展有很大的影响，同时对世界文化也产生深远的影响

希腊半岛是爱琴海区域的主要部分，它位于地中海的东部，东临爱琴海，西接爱奥尼亚海。半岛东部多港湾，希腊人从这里出发，航行于爱琴海，向东可达小亚细亚西岸；向东北穿过赫勒斯滂海峡（今达达尼尔海峡）和博斯普鲁斯海峡进入黑海；往南经克里特岛可达东北非的埃及；西越爱奥尼亚海可到南意大利和西西里岛。这种有利的地理位置，便于古代希腊人发展航海事业。古希腊优越的条件使它兼收并蓄地创造了文明的古国，并孕育了伟大的思想家和艺术家。

希腊半岛得天独厚，被爱奥尼亚海、地中海和爱琴海轻轻拥入怀中，形成三面环海的地缘之利，且海岸线曲折悠长，长达一万多公里，形成许多天然良港。

在碧波荡漾的爱琴海上，点缀着大大小小483个岛屿。它们之间大都相距不远，天气晴朗时可以隔海相望，为航海技术尚处于初级阶段的古代航海者提供了永不消逝的航标，星罗棋布的岛屿能及时给予航海者精神安慰。动态的海洋（水）和安静的岛屿（山），阴阳相济，可以迅速开发人的仁智。海洋会开发人的心智，使人思想灵活，开放，敢于冒险（财：商业家）；岛屿则使人产生安全感，拥有仁者爱人的思想（人：思想家）。

在来回出海的征程中，造就了希腊人敢想、敢干、敢于

创新的理念。这种大胆的理念渗透到文化领域中，于是，阿里斯托芬可以肆意地戏弄神，可以毫无顾虑地抨击炙手可热的权贵们；柏拉图可以大胆构思内圣外王的政治哲学，可以谴责执政者怯懦愚蠢和穷奢极欲。思想家们天天享受着与弟子切磋学艺的乐趣，这不能不令我们赞叹古希腊人所拥有的广泛的自由，这自由在一定程度上得益于大海的惠赠。

在古希腊神话与荷马史诗中，向往自由、争取自由的精神体现得非常突出。宙斯虽是众神之父，宇宙的主宰，但却无法行使专制暴君的特权，女神可以拒绝他的求爱，普罗米修斯宁肯被缚在崖石上，也不愿做宙斯的忠顺奴仆。普罗米修斯为争自由而进行的不屈不挠的斗争精神就是希腊文化精神的再现。

扎根于希腊人心中的自由意识与希腊所处的海洋环境不无关系，是大海催促希腊人积极向上、锐意进取。梁启超说："海也者，能发人进取之雄心者也……彼航海者，其所求固自利也，然求之之始，却不可不先置利害于度外，以性命财产为孤注，冒万险于一掷也。故久于海上者，能使其精神，日以勇猛，日以高尚，此古来濒海之民，所以比于陆居者，活气较胜，进取较锐，虽同一种族而能忽成独立之国民也。"正是对大海的搏击，赋予希腊人不畏强暴、迎难而上的精神，同时也使他们认识到，在航海中，必须尊重和依靠科学，否则就会葬身鱼腹。古希腊的文化就在挑战、应战海洋中逐步走向成熟，铸成了海洋性的文化模式。

第二章　橄榄树下的战争

好像从人类有了私欲以来，“战争”就是一个不能回避的词语。生活在橄榄树下的古希腊人，同样面临着战争。有些战争是为了赶走侵略者，有些战争完全是统治者为了满足自己的私欲。

希波战争

战争的前奏曲

随着希腊经济的发展，希腊的城邦范围开始向地中海沿岸扩展。与此同时，西亚的波斯帝国也在扩张。

公元前5世纪初，波斯帝国消灭了吕底亚，并乘机进攻位于小亚细亚的希腊城邦。它的首个目标是依阿尼亚地区的各个希腊城邦。依阿尼亚地区的经济甚为发达，其政治亦为较先进的民主制。波斯国王便向依阿尼亚地区各希腊城邦提出要其改民主制为君主制的不合理要求，以找借口宣战。依阿

表面上画有希波战争画面的艺术品

尼亚诸城邦无法接受，于是便以米利都为首，进行抵抗波斯的运动。米利都因为自知不能抵抗波斯，因此便向斯巴达求援，但斯巴达却拒不出兵，反而是雅典和埃维厄两城邦出兵援救。两城邦虽然派出大批士兵及军舰援救，但在坚持数年后，仍然不敌波斯大军。公元前494年，波斯完全征服了依阿尼亚地区。在这一时期，依阿尼亚的许多优秀人物逃到希腊的其他地方，将当时局限在依阿尼亚的文明传播到希腊的其他地方。

雅典和埃维厄两城邦出兵援救依阿尼亚地区的行动激怒了波斯王大流，为了惩罚雅典和埃维厄，大流士一世决定出兵希腊。他首先运用外交攻势，离间希腊诸城邦的关系，然后在公元前490年，出动陆海军共25000人，进攻雅典和埃维厄两城邦。埃维厄很快便被波斯军队攻陷，所有市民被贬为奴隶。打败了埃维厄以后，波斯大军便把目光锁定在雅典身上。

面对大敌压境

公元前490年9月的一天，一支波斯大军在马拉松平原登陆，波斯大军的到来打破了马拉松平原惯常的寂静。六百艘波斯战舰把月牙形的海湾挤得水泄不通，岸上是三万波斯大军筑起的一座庞大的营垒。

面对波斯大军压境，雅典向其他的城邦求援，可是除了斯巴达以外，其他希腊城邦都拒绝援助雅典，而斯巴达的两千援军还要等好几天才能到达。雅典的军事委员会召开会议，要求大家投票决定是否立刻同波斯人决战。投票结果是五票赞成，五票反对，这就意味着当时的军政长官卡利马什的一票将决定雅典的命运。卡利马什没有马上做出决定，他走出大帐，站在山坡上遥望人喧马嘶的波斯大营，心乱如麻。希腊人面对的是一个近五十年来攻无不克、战无不胜的波斯帝国，无论在国力还是军力上希腊和波斯都无法相比。如果选择与波斯为敌，则前途凶险，可能导致亡国。卡利马什思前想后，始终无法痛下决心。

马拉松的对决

值得雅典人庆幸的是，在投票赞成决战的五位将军中有一位杰出的军事家米提阿德斯。雅典派米提阿德斯组编一万重装步兵前赴波斯军的登陆地点——马拉松平原，与之决战，雅典则由海军负责防守。波斯军队是雅典军队的两倍，交战初期，雅典中路军被波斯军步步紧逼，只得向后退却，雅典军两侧精锐合围中路波斯军，结果波斯陆军被围歼，进而被完全击败。由海路偷袭雅典的波斯海军，亦不能打败雅典海军，波斯军只得撤退。雅典军于马拉松战役只有192人阵亡，而波斯军则损失了6400人。在马拉松大战获胜后，一位名叫斐力庇第斯的士兵跑回雅典报捷，但他因为极速跑了36.2公里，在报捷后便倒地身亡，而这正是马拉松长跑的来源。

马拉松之战对希腊人来说无疑是改变命运的一战。希腊人从马拉松之战收获了前所未有的自信，而民族自豪感和文化优越感也开始无比高涨。马拉松之战以后，雅典在希腊半岛威名远扬，成为希腊联盟的盟主。

马拉松战役

马拉松之战十年以后，新即位的波斯王薛西斯率领百万大军又卷土重来，第二次希波战争爆发。

雅典面对波斯大军再度压境，全希腊各城邦结盟起来，立即进入备战状态共抗波斯，以特米斯托克利斯为主帅，阿里斯德岱斯为副将迎战。斯巴达也参与了对抗波斯的行动。

斯巴达王李奥尼达以本国精兵300人和伯罗奔尼撒半岛其他城邦的7000人负责防守希腊的第一道防线——温泉关。李奥尼达及其士兵与百万波斯陆军拼命厮杀，波斯军队在头两天死伤惨重。但在第三天，一个希腊的叛徒领着波斯军队抄小路进攻李奥尼达的后方，李奥尼达无法抵御，只得下令让伯罗奔尼撒半岛的军队先撤，自己和三百精兵死守温泉关，在一番激烈厮杀后，斯巴达全军覆灭。这就是古希腊历史上有名的温泉关之战。

作为这支先遣部队的统帅，斯巴达的李奥尼达国王广受尊敬。

斯巴达王及其士兵的牺牲为雅典军主帅特米斯托克利斯赢得了宝贵的时间，波斯军虽然在其后迅速占领了希腊三分之二的土地，但当攻至雅典时，却发现雅典只剩下一座空城，全城居民早已撤走，结果波斯军只得焚城以泄愤。

公元前480年9月，雅典300多艘战舰在萨拉米湾集结，并派人假装逃兵，向波斯王谎报雅典舰队内讧，应即时出兵，结果成功引诱波斯王下令全军600多艘巨型战舰驶进海湾。然而萨拉米湾甚为狭窄，波斯的巨型战舰不能自由行驶，而雅典的战舰小巧迅速，并以船头的撞角来撞击波斯舰只的侧面，波斯舰队乱成一团，最后被雅典海军大败，只得撤退。

公元前479年，波斯王派大将统率五万大军再度进攻希腊，这次特米斯托克利斯再次使用空城计，移师海面。斯巴达则统率伯罗奔尼撒半岛联军共三万人与波斯陆军在普拉提亚进行决战，并击毙了波斯大将，结果波斯军大败，只得再次撤回东方。该年，以雅典为首的希腊海军反攻波斯，攻进小亚细亚，使小亚细亚诸希腊城邦脱离波斯的统治。公元前478年，希波战争以双方签订卡里阿斯和约而宣告结束，波斯帝国从此承认小亚细亚之希腊城邦的独立地位，并且将军队撤出爱琴海与黑海地区。

这就是历史上有名的希波战争，希腊在希波战争中取胜，使得西方世界的历史中心由两河流域向地中海地区推移，希腊文明得以保存并发扬光大，成为日后西方文明的基础。

伯罗奔尼撒战争

战争始末全放映

希波战争中，为了抵抗波斯大军，希腊各城邦建立了以雅典为首的提洛同盟，希波战争以后，雅典成为希腊的霸主。

希波战争50年后，提洛同盟已经完全退化，而成为雅典保持和加强其在爱琴海霸权工具。此外，雅典建立了一垛“长墙”，城墙将雅典与其海港比雷埃夫斯连在一起，使得这条对雅典来说俨如“生命之路”的地区不受陆上敌人的威胁。斯巴达领导下的伯罗奔尼撒联盟，是提洛同盟的霸权的对抗者。

其实，雅典和斯巴达之间的冲突早在公元前460年就开始了。导火索是米加腊退出伯罗奔尼撒联盟，投靠雅典。这场冲突从公元前460年一直持续到公元前446年，被称为是第一次伯罗奔尼撒战争，其实它是伯罗奔尼撒战争的前奏。公元前446年，双方打了个平手，米加腊又回到了伯罗奔尼撒联盟。在签署和平条约时，双方觉得彼此力量均衡，故决定互相尊重对方的联盟，在冲突情况下由一个裁判来决定谁对谁错。“中立”的城市国家被排除在这和平条约之外，后来被证明是一个大错。

公元前431年，斯巴达的同盟底比斯进攻雅典的同盟普拉提，正式引发了伯罗奔尼撒战争。雅典依靠其强大的海军进行封锁，斯巴达则攻入雅典，试图迫其决战。双方互有胜负，但都未能取得决定性胜利，遂于公元前421年缔结和约。和平未能维持很久，公元前415年，雅典对西西里岛斯巴达的盟邦叙拉古发动大规模远征，结果以惨败告终。西西里远征使雅典元气大伤，无力抵御斯巴达的攻势。公元前405年，雅典海军被全歼。次年，雅典向斯巴达投降，斯巴达成了希腊的新霸主。斯巴达的霸权也未能长久，希腊各城邦陷入混战之中。

残酷的战争

古希腊的伯罗奔尼撒战争是一场非常残酷的战争，但战争的结束也给人们带来了许多新的希望，人们尤其希望和平和自由。色诺芬是这样描述雅典的投降的："雅典接受和平条约后，赖山德尔进入比雷埃夫斯，那些被流放的人回到了他们的家园，在笛子音乐的伴随下大家开始拆除城墙，因为大家相信，从这一天起希腊的自由开始了。""长墙"被拆除，提洛同盟被解散，雅典的舰队除12条船外全部被交出。

伯罗奔尼撒战争中，交战的双方都是非正义的。战争给希腊带来了空前的破坏。战争对小农经济的毁灭性打击，摧毁了希腊文明的基础。

亚历山大的东征

公元前4世纪，希腊各城邦内部及各城邦之间矛盾错综复杂，冲突持续不断。

马其顿国王腓力二世乘机运用外交手腕、金钱利诱和军事进攻等手段插手希腊事务。

公元前337年，腓力二世确立对全希腊的霸权后，在科林斯召开各邦大会，宣布各邦间停止战争，建立以他为盟主的泛希腊同盟，并以“复仇”为借口决定对波斯宣战。

公元前336年夏，腓力二世遇刺身亡。其子亚历山大三世在平息内乱和镇压希腊人的反叛后，立即调兵遣将，准备东征。

公元前335年秋，亚历山大以马其顿军为主，雇佣兵和各邦盟军为辅，组成一支远征军（约3万步兵、5000骑兵、160艘舰船）。公元前334年初春，他授权安提帕特将军摄政，亲率远征军从都城派拉出发，渡过赫勒斯滂海峡（今达达尼尔海峡）开始东征。

亚历山大东征的第一个目标就是波斯帝国，当时的波斯帝国是个没落的军事奴隶制国家，在大流士三世统治下，内政腐败，政局不稳，国势日衰。波斯在小亚细亚仅部署骑兵2万、希腊雇佣兵2万、舰船400余艘。公元前334年5月，亚历山大远征军渡过赫勒斯滂海峡后，在马尔马拉海南岸格拉尼库斯河遭到波斯军阻击。波斯军约3万人沿河东岸展开，以骑兵为第一线，步兵为第二线，凭岸固守，阻敌渡河。远征军则置步兵方阵于中央，两翼为骑兵。亚历山大命令先头部队佯动，诱使敌军向左移动，待其队形出现间隙，乘机率右翼主力渡河，猛扑敌阵中央。激战中，马其顿军发挥长矛优势大量杀伤敌人。波斯骑兵亡千余人，其步兵遭马其顿军四面打击，迅速溃败，2000余人被俘。

初战告捷，亚历山大乘胜率远征军沿小亚细亚西海岸南下，先后占领吕底亚、卡里亚、吕基亚等地，随后北上安哥拉（今安

亚历山大雕像

卡拉），东进卡帕多细亚，再南下奇里乞亚。公元前333年10月，远征军在西利西亚东部的伊苏斯之战中击败大流士三世所率的十二、三万大军，打开了通往叙利亚、腓尼基的门户。亚历山大率军继续南下腓尼基，拔除波斯海军据点，从而确保了远征军与希腊之间的交通线。公元前332年初，远征军抵达滨海要塞提尔（今黎巴嫩的苏尔），遭坚决抵抗，经7个月陆海夹攻，始破该城。这场战役中，8000多提尔人战死，3万多人被俘。此后，亚历山大又用两个月时间攻占加沙。至此，远征军彻底摧毁波斯海军基地，切断波斯人的陆海联系，夺取了地中海制海权。11月，亚历山大进军埃及，兵不血刃，占领埃及上下。

公元前331年春，亚历山大率步兵4万、骑兵7000从埃及出发，经巴勒斯坦、腓尼基插入两河流域北部，向波斯腹地巴比伦尼亚、伊朗高原进军。为保证给养，他把进军路线选在底格里斯河东岸人烟稠密地区，9月渡过底格里斯河，10月在高加米拉之战中大获全胜，大流士三世逃往米底。远征军乘胜南下，轻取巴比伦，占波斯都城苏萨，随后进入伊朗高原，洗劫波斯古都波斯波利斯。经短期停留后继续北上，向米底首府埃克巴坦那进发，追击波斯国王。在米底首府，亚历山大遣回希腊盟国士兵。公元前330年夏，亚历山大沿里海南岸东进，进入帕提亚（安息）时，大流士三世已被其属下巴克特里亚（大夏）总督拜苏斯杀死。古波斯帝国及阿契美尼德王朝至此灭亡，亚历山大成为波斯统治者。

波斯帝国灭亡后，亚历山大继续领兵东进，于公元前329年春穿越兴都库什山，侵入巴克特里亚，追击拜苏斯至粟特，并将其处死。但在粟特遭到当地居民激烈反抗，尤其是地方贵族斯皮泰门领导的起义。起义军曾一度收复首都马拉坎达（今乌兹别克斯坦撒马尔罕），给远征军以沉重打击。亚历山大在中亚细亚征战两年余，才将起义军镇压下去。公元前327年夏，他为富庶的印度河流域所吸引，离开巴克特里亚，率兵约3万人沿考芬河（今喀布尔河）经开伯尔山口侵入印度河上游地区。公元前326年4月，远征军由布克法拉城抵达希达斯佩斯河（今杰赫勒姆河），与波鲁斯王国军队隔岸对峙。亚历山大率军渡河作战，消灭波鲁斯步兵近2万、骑兵3000，迫使波鲁斯国王投降。远征军继续东进，抵达希发西斯河畔。此时，军中疫病流行，官兵厌战情绪增长，亚历山大被迫于公元前326年10月停止东征并撤军。他分兵水旱两路沿印度河顺流而下，在印度河口附近再兵分三路：海路经阿拉伯海入波斯湾至幼发拉底河口（希腊人从未走过的新航线）；陆路一支经印度洋沿岸西行，由亚历山大亲率；另一支北上阿拉霍西亚，然后向西与亚历山大会合。公元前324年春，亚历山大返抵巴比伦，东征结束。

亚历山大东征是一场掠夺性战争。远征军连续作战10年，行程万余里，进行上百次强渡江河、围城攻坚以及山地、平原地和沙漠地作战，建立了西起巴尔干半岛、尼罗河，东至印度河的庞大亚历山大帝国。作战中，亚历山大正确选择战略方向，合理运用马其顿方阵战术，善于组织步兵与骑兵、陆军与海军协同作战，军事手段和政治手段并用等，在世界军事学术史上留下光辉一页。亚历山大东征给当地人民造成深重灾难，但客观上也促进了希腊与亚非诸国的经济和文化交流，在历史上具有深远影响。

第三章　神的传说

古希腊是一个神话的世界。古希腊神话大体可分为神的故事和英雄传说两大部分。

希腊神话中的神祇像人一样，有情欲，有善恶，有计谋，互有血缘关系，都是人格化了的形象。如天父宙斯就经常下界追逐引诱凡间女子，而他的妻子赫拉则如同一个妒忌心极强的女人一样迫害她的情敌。神祇和人的区别也很明显：神祇长生不老，可随意变形，具有特殊本领和巨大威力，其好恶态度对下界人类的生杀祸福起着决定作用。其中地位最显赫的神是居住在奥林匹斯山上的十二个主神。

“众神之父”

宙斯既是众神之王也是人类之王，他被称为众神之父，也被称为天神。所谓宙斯，也就是宇宙的司令，他掌管着整个宇宙。他是希腊神话中的主神，第三任神王，是奥林匹斯山的统治者，是克洛诺斯和瑞亚之子，以贪花好色著称，奥林匹斯的许多神祇和许多希腊英雄都是他和不同女人生下的子女。

他以雷电为武器，维持着天地间的秩序，公牛和鹰是他的标志。他的兄弟波塞冬和哈得斯分别掌管海洋和冥界，女神赫拉是宙斯的最后一位妻子。

神位之争

在很久很久以前，天地一片混沌。大地的母亲盖亚生了天神乌拉诺斯，乌拉诺斯成了世界的主宰者。在天神的世界里，近亲结婚是非常合情合理的。于是，乌拉诺斯和盖亚又结合生了六男六女，共十二位强大的泰坦巨神，分别掌管天、地、日、月、星辰、海洋等等，此外还生了三个独眼巨人和三个百手巨人。

乌拉诺斯的猜疑心特别强，他总是害怕自己的权力会被儿女们夺走。于是，他把他所有的儿女都囚禁了起来。乌拉诺斯的行为激怒了他的妻子盖亚，在盖亚的帮助下，克洛诺斯将他的兄弟姐妹们解救出来，并联合杀死了他们的父亲，推翻了他的统治，克洛诺斯主宰了这个世界。

克洛诺斯和掌管岁月流逝的女神瑞亚喜结连理，生下了三男三女。和他的父亲一样，克洛诺斯也是个猜疑心非常强的神，他也怕自己的孩子会反对自己，于是吃掉了自己的孩子。当瑞亚生下宙斯时，她决心保护这个小生命。她用布裹住一块石头谎称这是新生的婴儿，克洛诺斯将石头一口吞下肚里。于是，宙斯躲过一劫，他被送到克洛诺斯的姐姐宁芙女神那里抚养。

宙斯长大成人后知道了自己的身世，决心救出自己的同胞兄弟。他娶智慧女神墨提斯为妻，听从妻子的计谋，引诱父亲克洛诺斯服下了催吐药，克洛诺斯服药后不断呕吐，把他腹中的子女们都吐了出来。他们是波塞冬、哈得斯、赫斯提亚、德墨忒尔。为了酬谢他们的兄弟宙斯，他们同意把最具威力的武器雷电赠给他。

宙斯对其父的暴政极为反感，他联络众兄弟对其父辈进行了一场战争。宙斯为了尽快取胜听取了兄弟普罗米修斯的建议，放出了囚禁在地下的独眼巨人和百臂巨灵，这六位地母之子有着非凡的力量，宙斯和他的兄弟们终于取得了胜利。他们的父亲和许多泰坦神被送进了地狱的最底层。

宙斯坐镇奥林匹斯山，拥有无上的权力和力量。他是正义的引导者，他对人类的统治公正不偏。他的劝告不易理解，他的决定不可改变，他的意愿是审慎的、正确无误的智慧的意愿。

宙斯的爱情

宙斯是一位多情的主神，关于他的爱情故事在古希腊的传说中多如牛毛。不论是天上的女神，还是人间的公主，只要是美丽的女子他都有兴趣。

宙斯与伊娥的故事

古希腊最初的居民是彼拉斯齐人，他们的国王是伊那科斯。国王有一个如花似玉的女儿，名叫伊娥。有一次，伊娥在勒那草地上为她的父亲放羊，宙斯一眼看见了她，顿时产生了爱意。

宙斯心中的爱情之火越来越炽热，于是他扮作男人，来到人间，用甜美的语言引诱挑逗伊娥。

伊娥非常害怕，为了逃避他的诱惑，飞快地奔跑起来。如果不是这位主神施展他的权力，使整个地区

宙斯雕像

陷入一片黑暗，她一定可以逃脱的。现在，她被包裹在云雾之中。她因担心撞在岩石上或者失足落水而放慢了脚步。因此，落入了宙斯的手中。

诸神之母赫拉是宙斯的妻子，她早已熟知丈夫的不忠。这时，她突然惊奇地发现地上有一块地方在晴天也云雾迷蒙，赫拉顿时起了疑心，寻找她那不忠实的丈夫。她寻遍了奥林匹斯圣山，就是找不到宙斯。

宙斯预料妻子来了，为了让心爱的姑娘逃脱妻子的报复，他把伊那科斯的可爱的女儿变成一头雪白的小母牛。赫拉立即识破了丈夫的诡计，带走了伊娥，并且雇了阿耳戈斯看守可怜的伊娥，使得宙斯无法劫走他的落难的情人。

最后伊娥想出了一个拯救自己的办法，她逃到博斯普鲁斯海峡，逃到阿瑟夫海，穿过海洋到了亚洲。最后，经过长途跋涉，绝望地来到了埃及。在尼罗河河岸上，伊娥疲惫万分，她前脚跪下，昂起头，仰望着奥林匹斯圣山，眼睛里流露出哀求的目光。宙斯看到了她，顿生怜悯之情，他立刻来到赫拉那里，他拥抱她，请她对可怜的姑娘大发慈悲。他指着神祇立誓的斯提克斯河，即阴阳交界的冥河，向妻子发誓，以后他将放弃对姑娘的爱情，不再追求她了。就在这时，赫拉也听到小母牛朝着奥林匹斯圣山发出求救的哀鸣声。这位神祇之母终于心软了，允许宙斯恢复伊娥的原形。

宙斯急忙来到尼罗河边，伸手抚摸着小母牛的背。奇迹立刻出现了：小母牛身上蓬乱的牛毛消失了，牛角也缩了进去，牛眼变小，牛嘴变成小巧的人的双唇，肩膀和两只手出现了，牛蹄突然消失，伊娥重新恢复了楚楚动人的美丽形象，格外令人怜爱。就在尼罗河的河岸上，伊娥为宙斯生下了一个儿子厄帕福斯，他后来成了埃及国王。

奥林匹斯山上的其他主神

忠贞的天后

赫拉是古希腊神话中奥林匹斯主神之一，是主神宙斯的妻子，主管婚姻和家庭，被尊称为“神后”。随着奥林波斯教的统一，她被希腊各地所接受，迈锡尼等地有她的神庙，在阿耳戈斯有纪念她的天后节。她是战神阿瑞斯、火神赫淮斯托斯，青春女神赫柏和生产女神狄斯科尔狄娅的母亲。她在奥林匹斯山的地位仅次于她的丈夫——宙斯，高傲的智慧女神雅典娜也要服从赫拉的旨意。

作为万神之父宙斯的姐姐和妻子，赫拉十分忠诚于她的爱情和家庭。即使风流成性的宙斯不断地背着他勾引别的女人或女神，众神之母赫拉也从没有背叛过她的丈夫。但是赫拉是一个嫉妒心极强的女人，她憎恨每一个与她丈夫有亲密关系的人，她利用她的权力和地位惩罚那些女人。

赫拉的地位和尊荣来源于她的婚姻。宙斯总共有七位合法的妻子，唯有赫拉是宙斯的正妻。宙斯向赫拉求婚时允诺与赫拉分享自己的权力和尊荣，所以赫拉可以享有丈夫的权力，每当赫拉出行时都伴有雷霆闪电。众神也因此而尊赫拉为神母，无不禀其旨意而行。

由于宙斯拥有绝对的权威，当他们之间发生分歧，赫拉想达到自己的目的时，她就采取一些手段。她利用她的美貌来达到自己的目的，使宙斯能听从自己的意见。但宙斯一旦对赫拉表示不满，赫拉受到的惩罚是很严酷的。赫拉曾经因为唆使风神反对宙斯的私生子赫拉克勒斯而受到惩罚，她的双脚被缚在铁砧上，双手用金链捆绑着，倒吊在半空中示众，奥林匹斯圣山上所有的神都慑于宙斯的震怒，不敢靠近他为天后求情。

赫拉与宙斯的结合被看作是使土地丰饶的阳光和雨露的结合，因而人们常像崇拜宙斯一样，向赫拉祈求恩赐。

海洋的统治者

海神波塞冬（Poseidon）是克洛诺斯与瑞亚的儿子，宙斯的弟弟。与提坦神（泰坦）的提坦之战（Titanomachy）结束之后，波塞冬成为伟大而威严的海神，掌管着地球上所有的水域。他用令人战栗的地动山摇来统治他的王国。他有呼风的法力，并且能够掀起或是平息狂暴的大海。正如大海的波涛一样，波塞冬的性格桀骜不驯，他经常驾驭着烈马金车在海面狂奔，海水发出震耳欲聋的咆哮声。

手持三叉戟，这是海神波塞冬的标志。当他愤怒时海底就会出现怪物，他挥动三叉戟就能引起海啸和地震。波塞冬的三叉戟并非只用来当武器，它也被海神用来击碎岩石，使从裂缝中流出的清泉浇灌大地，使农民五谷丰登，所以波塞冬又被称为丰收神。

波塞冬有强烈的侵略性和极大的野心，时刻想夺取宙斯天帝的宝座，但被宙斯发觉，把他放逐到地上受刑，帮助劳梅顿王修建特洛伊城。此外他还常与诸神交战，在雅典和特罗森城就有过他和雅典娜的争霸战。

同宙斯一样，波塞冬也是个多情的神。德墨忒尔不喜欢波塞冬对她的注意，就变成一匹马，不知羞耻的波塞冬也变成一匹马，继续追求她。一匹骏马，名为阿瑞翁，是他们的爱情之果。波塞冬还抢走了美丽的少女忒尔菲，把她掳到一个岛上，使她变成一只绵羊，他自己变成一只公羊。

除此之外，波塞冬还有一段美丽的爱情传说，这段传说产生了天秤座。

天秤座的来历

在很久很久以前，人和神一起居住在地上，过着和平快乐的日子。

正义女神是神殿里的公主，她是宙斯和智慧女神的女儿。不仅宙斯疼爱她，神殿里所有的神祇都视她如掌上明珠。正义女神有着男子一样的气质，坚毅而热情。她的这种特殊的气质深深地吸引了海神波塞冬，她也为波塞冬的深邃、冰冷而着迷。他们彼此尊重，互相爱慕。

人类是很聪明的动物，他们逐渐学会了建房子、铺道路，但与此同时也学会了勾钩心斗角和欺骗。战争和罪恶开始在人间蔓延，许多神无法忍受这些纷纷回到天上居住，只有正义女神和波塞冬留了下来。

人类的战争越来越激烈，可是正义女神没有对人类绝望，她认为人类终有一天会觉悟，回到过去善良纯真的本性。但是波塞冬却对人类丧失了信心，他悲观地劝女神回到天上去，女神自然不听，于是两人生平第一次争吵。他们争执得很激烈，从人类的问题上不断升级，最后竟吵到了彼此的身世上。正义女神鄙夷波塞冬不过是一摊咸水，而波塞冬则抖落出宙斯的丑闻及女神私生的事实。正义女神受到极大的侮辱，找到父亲宙斯评理。天后赫拉建议两人比赛，看谁能更让人类感受和平，谁输了谁就向对方道歉。赫拉偏爱波塞冬，又嫉妒正义女神的母亲，她知道水是生命的源泉，一定会让人类感到和平。

比赛的地点设在天庭的广场，由海神先开始。只见波塞冬朝墙上一挥，裂缝中就流出了非常美的水，晶莹剔透，让人看了以后感到无限的清凉与舒适。这时候正义女神变成了一棵树，这棵树有着红褐色的树干，苍翠的绿叶以及金色的橄榄，任何人看了都感受到爱与和平。波塞冬朝女神微笑着，他知道女神的心愿终于实现了。

人类认识到和平的重要，女神与波塞冬和好如初，宙斯为了纪念这样的结果，把随身带的秤往天上一抛，就有了今天的天秤座。

冥界之神

冥界之神哈得斯是克洛诺斯和瑞亚的儿子，是天神宙斯的哥哥，他管辖阴间，相当于我们中国的“阎王爷”。哈得斯的名讳据说来自于“埃多纽斯”（Aidoneus），也就是“不可见的人”。哈得斯有一顶魔法头盔，是用一条叫做“科恩”（Kyn）或叫做“凯恩”（Kyne）的狗的皮制成的，这是独眼巨人基克洛普斯送给哈得斯的礼物。无论是谁戴上这顶头盔都可以隐形。在与巨人的战斗中，哈得斯便是戴着这顶头盔出战的。

哈得斯是任何人都恐惧的神，每个人都对他敬而远之。他通常是坐在四匹黑马拉的战车里，手持双叉戟，无论前面有任何障碍他都能铲除。哈得斯把地狱的事处理得井井有条，纪律严明，公正无私。

在哈得斯巨大的宫殿中有三位审判官，他们是迈诺斯、拉达曼托斯、艾库，专门负责审理灵魂的思想、言论、行为。还有正义女神希弥斯，她手持利剑，为每个灵魂称善恶。如果灵魂的善多于恶就上天堂，反之则下地狱；如果是罪大恶极者会被放逐到“无间地狱”，永远接受无间的痛苦和折磨。

在感情上，哈得斯虽然不像他的两个弟弟宙斯和波塞冬那样多情，可是也有几个相关的爱情故事，其中有一个人尽皆知的爱情神话故事。

有一天，丰收女神的女儿珀尔塞福涅正在尼萨山谷的一块野地上采摘鲜花，她美丽的倩影被名望之神的眼睛捕捉到了，当她俯下身子去折一朵水仙花时，大地忽然分裂开来，哈得斯驾着他的战车从地下现身，抢走了珀尔塞福涅。

这次绑架激起了收获女神得墨忒耳的愤怒，她开始四处寻找自己失踪的女儿，最后双方通过折中的办法解决了问题。根据双方达成的意见，珀尔塞福涅会在大地之上的光明世界中度过8个月的时间，而剩下的4个月则要在黑暗的阴间度过。

丰产之神

丰产、农林女神，是克洛诺斯与瑞亚的女儿，宙斯的二姐与第四位妻子。

得墨忒耳头戴谷穗编成的花冠，手执火炬和果篮，表情温和，气度高雅。她有时驾着由马或龙拉的战车，有时步行，有时和她的女儿一道坐在王位上。她有着温和的态度、热情的笑容，她美丽而又温柔，掌管着植物的生长，孕育出地上的生命。她教会人们耕种，给予大地生机。

这位温柔的女神的惩戒也是极其厉害的。当她得知女儿珀尔塞福涅被哈得斯拐走后，她便让大地草木枯萎，田野不长庄稼。

当珀耳塞福涅从冥国回来与母亲得墨忒耳团聚时，春天来临，种子开始发芽，万物欣欣向荣，庄稼结出果实；当她返回冥国后，地面的万物又开始凋落，寒冷的冬天降临大地。这就形成了人世间四季更替和草木荣枯的变化。

智慧与正义的化身

雅典娜是掌管智慧与正义战争的女神。她是希腊奥林匹斯十二主神之一，也是奥林匹斯三处女神之一，在远古的神话中，雅典娜是一位女天神，乌云和雷电的主宰者，丰产女神，和平劳动的庇护者，女战神。她教会人们驯养牛马、制造车船；她赐予世人犁和耙、纺锤和织布机，因此被认为是妇女劳动尤其是织布技术的保护者。她有一个别名叫厄耳伽涅，意思是女工。她又是科学的庇护者、智慧女神；她赐予人间法律，维护社会秩序。

传说雅典娜是宙斯与聪慧女神墨提斯所生，因盖亚有预言说墨提斯所生的儿女会推翻宙斯，宙斯遂将她整个吞入腹中，因此宙斯得了严重的头痛症。包括药神阿波罗在内的所有山神都试图对他实施一种有效的治疗，但结果都是徒劳的。众神与人类之父宙斯只好要求火神赫淮斯托斯打开他的头颅。令奥林匹斯山诸神惊讶的是：一位体态婀娜、披坚执锐的女神从裂开的头颅中跳了出来，光彩照人，仪态万方。据说她有宙斯一般的力量，如果加上与生俱来的神盾埃吉斯的力量，她的实力就超过了奥林匹斯的所有神。她就是女战神与智慧女神雅典娜，也是雅典的守护神。

雅典娜是艺术、工艺和妇女手工之神，双手灵巧，无法忍受别人的挑战。一位名叫阿瑞克妮的莉迪亚族少女似乎瞧不起雅典娜的本领，并常吹嘘如有机会定能击败女神雅典娜。一气之下，女神装扮成一位老妇，劝告阿瑞克妮应谦虚一些，但那位女手艺人竟勇敢地向她发出挑战。女神卸去伪装，接受了挑战。两位妇女立刻着手创作各自的作品，女神设计的图案叙述了她与波塞冬争斗的故事，而阿瑞克妮则编织了金苹果事件的故事。之后，雅典娜吃惊地发现自己的作品不够好，于是恼羞成怒，把对方的作品撕成碎片。阿瑞克妮嘲笑她，挖苦她，盛怒的女神将她变成了一只蜘蛛，让她永远地编织。

雅典娜同样是战争的女神。雅典娜在特洛伊战争中的活跃表现，使她战神的名声甚至超过了阿瑞斯。她的木马计也是希腊人最终胜利的主要原因之一。雅典娜虽为战神，却酷爱和平，这也是雅典被称为“酷爱和平的城市”的原因。

宙斯俊美的儿子

福玻斯·阿波罗是古希腊神话中最著名的神祇之一，希腊神话中十二主神之一，是主神宙斯与黑暗女神勒托所生之子，阿尔忒弥斯的孪生哥哥。“阿波罗”的意思是“光明”或“光辉灿烂”。

关于他们姐弟的出生，最广的传说是勒托怀孕后，嫉妒的天后赫拉无法容忍别的女神为宙斯生下长子，便下令禁止大地给予她分娩之所。痛苦的勒托到处奔波，最后她妹妹阿斯忒里亚化成的“无明岛”阿得罗斯挺身而出，接纳了她。波塞冬使海底升起四根金刚石巨柱，将这座浮岛固定了下来。勒托在这里，先生下助产及狩猎女神阿尔忒弥斯，后在阿尔忒弥斯的帮助下生下光明之神阿波罗。

阿波罗雕像

阿波罗被视为司掌文艺之神，主管光明、青春、医药、畜牧、音乐等，是人类的保护神、光明之神、预言之神、迁徙和航海者的保护神、医神以及消灾弥难之神。在阿波罗身上找不到黑暗，他从不说谎，光明磊落，所以也称他真理之神。

在众多的奥林匹斯山神中，主神宙斯和勒托之子阿波罗最受推崇。

在人们心目中，阿波罗是一个精力充沛、血气方刚的年轻人。他容貌英俊，散发着芳香，略微飘起的长发垂在肩上。脸呈瓜子形，前额宽阔，显得精明、坚定、安详、端庄和自豪。头上戴着用月桂树、爱神木、橄榄树或睡莲的枝叶编织的冠冕。阿波罗的标志是竖琴、弓、箭、箭袋和三脚架。人们通常用天鹅、鹰、狼、牝鹿和知了作为献给他的祭品。

美丽的月亮女神

阿尔忒弥斯是希腊奥林匹斯十二主神之一，罗马名字狄安娜，她是宙斯与黑暗女神勒托所生，是阿波罗的孪生姐姐。阿尔忒弥斯与阿波罗一样，司掌光明，她所掌管的就是月亮。除了是月亮女神外，她还很喜欢狩猎，她射箭的技艺很高，经常在山林中追逐野兽，因此还是狩猎女神。另外她还是处女的守护神，守护少女的贞洁。

她漂亮，思维敏捷，做事果断，奔跑迅速。

爱与美的集合体

阿佛洛狄忒，希腊神话中爱与美的女神。罗马神话中称之为维纳斯。她生于海中，是宙斯和大洋女神狄俄涅的女儿，以美丽著称，是锻冶之神赫淮斯托斯的妻子。在古希腊、罗马艺术作品中被塑造成绝色美女，最著名的雕像是在米洛斯岛出土的“米洛斯的阿佛洛狄忒”。

阿佛洛狄忒有着古希腊最完美的身段和相貌，被认为是女性体格美的最高象征。阿佛洛狄忒极其美丽，众天神都追求她。宙斯（她的父亲）也追求过她但遭拒绝，因此宙斯把她嫁给既丑陋又瘸腿的火神赫淮斯托斯。阿佛洛狄忒对丈夫一向不忠，她爱的是战神阿瑞斯，并和阿瑞斯生下了小爱神厄洛斯（罗马名字丘比特）。有一次，阿佛洛狄忒与战神阿瑞斯在一起时，她的丈夫用网捉住了他们，并把他们俩一同放在了众神面前。

阿佛洛狄忒为了激起宇宙间万物心中的爱，为了使人、兽以及动植物能够繁衍，乘着由麻雀、鸽子或是天鹅驾驭的车子到处游逛，在她的小儿子爱神厄洛斯的帮助下，她在众神和人世间挑起了许多悲与欢的动人故事。

战神

古希腊神话中的战神是阿瑞斯，奥林匹斯十二神之一，被视为尚武精神的化身。其形象源于色雷斯人，据奥林匹斯神话，阿瑞斯是宙斯和赫拉的儿子。

他肝火旺盛，尚武好斗，一听到战鼓声就手舞足蹈，一闻到血腥气就心醉神迷。戕戮厮杀是他的家常便饭，哪里有鏖战，他就立即冲向哪里，不问青红皂白砍杀起来。他威严、敏捷，久战不倦，孔武有力，魁梧壮伟。阿瑞斯最喜欢去的地方是北部地势坎坷的色雷斯。他佩带的徽记是长矛和燃烧着的火炬，他的爱畜是兀鹰和猎犬。

阿瑞斯是唯一一位曾经不得不屈于部下威力的神。有一次，由于缺乏机智与正确判断使他蒙受羞辱。他和两个巨人决斗，发现自己不能抵挡，他自动放下武器，被铸上铁链关了起来，最后他被赫尔墨斯救出来，但在此之前，他已饱尝了受侮辱的滋味。

他做事不加思考，就像他的残暴一样典型。波塞冬的一个儿子企图诱拐他的女儿，弄得战神非常不悦。于是，阿瑞斯毫不留情地把波塞冬的儿子干掉了。为了替儿子报仇，波塞冬拉着阿瑞斯到雅典法官面前要求审判战神。审判是在城外的一座小山上开庭的，阿瑞斯叙述了案情，最后被判无罪。从那以后，这座山就称作雅典的最高法院，即“阿瑞斯之山”，而出审的法官们被称作雅典最高法院的法官。

最幸运的“牛粪神”

火神与匠神赫淮斯托斯是希腊十二主神之一，是宙斯和赫拉之子。他隐居在埃托纳山，联合独眼怪族开发丰富的矿山，专门打造精良的器具。有人说，赫淮斯托斯每敲打一次，就伴随着一次地震与火山的喷发。

赫淮斯托斯面容丑陋，一条腿瘸了，但他的灵魂和才智却十分卓越。他心智灵巧，而且充满热诚。他在奥林匹斯山上建筑了诸神的宫殿，为宙斯打造雷霆和铠甲，此外还制造了爱神的弓，赫拉克勒斯的马车，阿波罗驾驶的日车，厄洛斯的金箭、银箭等诸神的物品和武器。

他曾与克拉托斯和比亚一起用铁链束缚了普罗米修斯，但赫淮斯托斯却始终同情着这位神祇的后裔。“他不得不执行父亲的命令，嘴里却说着为他的两个残暴的仆人所不悦的同情的言语。”他因此被称为“最富人情味的神”。

他有一位美貌的妻子阿佛洛狄忒（美与爱之神），他被别人称为最幸运的“牛粪神”，但阿佛洛狄忒却经常与战神阿瑞斯幽会，赫淮斯托斯就张开一个精巧的黄金网，将他们罩住，让他们在诸神面前出丑，最后这对夫妻不欢而散。阿佛洛狄忒与阿瑞斯私奔之后，宙斯为他娶了美惠三女神之一的卡里斯，但最终女神还是离开了他。火神也曾追求过美丽的雅典娜女神，但智慧女神始终没有答应他。

神的使者

赫耳墨斯是希腊奥林匹斯十二主神之一，罗马名字墨丘利，八大行星中的水星。是宙斯与迈亚之子。他出生在阿耳卡狄亚的一个山洞里，因而他最早是阿耳卡狄亚的神，是强大的自然界的化身。奥林匹斯统一后，他成为畜牧之神，又由于他穿有飞翅的凉鞋，手持魔杖，能像思想一样敏捷地飞来飞去，故成为宙斯的传旨者和信使，他也被视为行路者的保护神，也是雄辩之神。

他聪明伶俐、机智狡猾，又被视为欺骗之术的创造者，他还是七弦琴的发明者，是希腊各种竞技比赛的庇护神。后来他又与古埃及的智慧神托特混为一体，被认为是魔法的庇护者，他的魔杖可使神与人入睡，也可使他们从梦中醒来。在希腊神话中，他第一个教会人们在祭坛上点火，要求人们焚化祭品。

奥林匹斯山上的爱情故事

该尼墨得斯被掳

在美丽的特洛伊城里，住着一位俊美的王子该尼墨得斯。就在不远的地方，也高耸着一座城堡，城堡里住着一位美丽的公主欧罗芭。王子听说另一座城堡里的公主非常漂亮，一天他乔装成牧羊人，到欧罗芭公主的牧场里唱歌，悦耳的歌声犹如一块极富磁力的磁石，深深地吸引了欧罗芭公主。两人一见钟情，经常在牧场里唱歌、游玩。

然而事情却有了变故。

据说赫拉克勒斯最后被半人马涅索斯的毒血毒死，赫拉克勒斯死后升天又回到奥林匹斯山，天后赫拉将女儿青春女神赫柏嫁给了他，这一切看来似乎都非常圆满。但是却有一件事令大家很头痛，就是原本赫柏负责的侍酒工作，现在无人接替了。宙斯非常苦恼，不晓得该怎么办。

众神帮忙找人代替，可是介绍来的女孩子，宙斯都不是很满意。阿波罗神来到特洛伊城，忽然他眼前一亮，一位俊美的少年映入眼中，他就是特洛伊的王子该尼墨得斯。阿波罗心想，人间竟然有如此俊美的王子，于是他回到神界，将他在特洛伊城看到的情况报告给宙斯听，宙斯觉得不可思议，很想亲眼目睹特洛伊王子。

宙斯来到人间后，在特洛伊城并没看见王子，后来在欧罗芭公主的牧场里看见王子和公主在一起唱歌嬉戏，于是一种邪恶的想法在宙斯心中酝酿。

有一天，王子来到他和公主经常约会的地方，早已伺机多时的宙斯化作一只老鹰，趁他出游时降落在他身后，用他那双不会伤人的爪子将该尼墨得斯拦腰抓住，挟持到奥林匹斯山上，宙斯要他代赫柏替自己倒酒。在这里，该尼墨得斯无路可走，只有接受为众神侍酒的工作。

这天早上，公主也像往常一样来到牧场，她并没有看到心爱的王子，而是发现了一群牛。在牛群之中，有一只特别会唱歌的牛，它的歌声非常悦耳动听，有如王子的歌声一般，公主不自觉地朝它走去。正当公主慢慢靠在牛的身上与它一起忘情地唱歌时，这只牛突然背起公主朝着天空飞去。经过长时间的飞行，这只牛终于在一个美丽的土地上停了下来，然后摇身变成人，向公主表达爱慕之意。

这只牛是天神宙斯的化身，他的表白公主没答应，说给她十天考虑时间。于是宙斯把公主带了回去。公主在回来的十天里希望那个牧羊的小伙子能出现，但是她哪里知道那小伙子在天界替宙斯做倒酒的工作呢？十天过去了，美丽的公主无奈，接受了宙斯的爱，两人一起回到天上生活。后来那只牛被宙斯放在天上成为金牛座。

王子非常想念欧罗芭公主，宙斯觉得惭愧，不忍王子一天天消瘦，就让王子回到了特洛伊城。王子在牧场天天唱着熟悉的歌，却不见公主。宙斯又把他带回神界做倒酒的工作。后来，特洛伊王子在天上变成了水瓶座。

阿尔忒弥斯与恩底弥翁

美丽的月亮女神阿尔忒弥斯曾经立下终身不嫁的誓言，并得到父亲宙斯的支持。她过着十分潇洒的生活，但平静的生活最终还是被一次无意的一瞥打乱了。

恩底弥翁是位风度翩翩的青年牧羊人，在小亚细亚的拉塔莫斯山牧羊。他住在幽静的山谷中，过着无忧无虑的日子。有时，当羊群在四周茂盛的草地上逍遥自在地吃草时，他就在草地上沉睡，丝毫不受人世间悲伤与忧虑的侵扰。

一个皓月当空的夜晚，当月亮女神阿尔忒弥斯驾着马车穿越天空时，无意中看到一位漂亮青年正在下面静谧的山谷中睡觉。她芳心荡漾，对这个英俊的美少年充满爱慕之情。她从月亮马车中滑翔而下，匆忙而深情地偷吻了一下他的脸。当熟睡中的恩底弥翁睁开双眼看到仙女时，也有点神魂颠倒，但眼前的一切很快消失了，以致他误认为这是一场梦幻。日子一天天过去了，阿尔忒弥斯每天都来看望这位青年，而恩底弥翁也每天都梦见有一个仙女和他接吻。女神偶尔一次的失职引起了主神宙斯的注意，他决定永远清除人间对女神的诱惑。宙斯的决定被智慧女神雅典娜无意中知道了，她将宙斯要杀恩底弥翁的事情告诉了美丽的月亮女神。

月亮女神跪倒在宙斯面前祈求她的父王能放过她的心上人，宙斯同意了女儿的请求，但他让恩底弥翁从此停留在睡眠之中，永远做着相同的美梦。从此痴情的阿尔忒弥斯在每天日落之后，都会去给这个不知情的情人一个深深的吻。

第四章　哲学家的国度

古希腊哲学是指公元前6～公元5世纪出现在希腊本土以及地中海沿岸，特别是小亚细亚西部、意大利南部的哲学学说，又称古希腊罗马哲学，是西方哲学最初发生和发展的阶段。

古希腊哲学的发展大体可以分为三个阶段。

首先是自然哲学时期。公元前6世纪，东方伊奥尼亚地方的一些哲学家开始提出世界的本原问题，他们反对过去流传的种种神话创世说，认为世界的本原是一些物质性的元素，如水、气、火等。他们最早用自然本身来解释世界的生成，是西方最早的唯物主义哲学家。著名的代表人物有米利都的泰勒斯、阿那克西曼德、阿那克西米尼和爱非斯的赫拉克利特。与此同时，在意大利南部出现了具有另一种思想倾向的哲学学派，他们认为万物的本质不是物质

古希腊哲学家们在一起探讨哲学问题

性的元素，而是一些抽象的原则，如毕达哥拉斯学派认为是“数”；以巴门尼德为代表的爱利亚学派认为是“存在”，并认为“存在”是不变的、不生不灭的，运动变化的只是事物的现象。他们提出的非物质性的抽象原则，对以后唯心主义哲学的产生影响很大。后来的自然哲学家在承认运动变化的同时，都企图在它们背后找出永恒不变的因素来。

其次是人本主义和系统哲学时期。公元前5世纪，雅典成为古希腊世界的经济、政治和文化中心，出现了一批以教授演说的论辩术为业的思想家，他们被称为智者。他们讨论的中心集中到人类社会政治伦理方面来，“人”成为研究的中心。智者的著名代表人物是普罗泰戈拉。为了反对传统奴隶主贵族统治的制度和思想，他提出“人是万物的尺度”的著名命题，认为判断是非善恶的标准，只能是个人的感觉和利害，这为当时的民主制提供了理论根据。

最后是古罗马哲学时期。罗马的奴隶制是希腊奴隶制的继续，古罗马的哲学也是古希腊哲学的继续。卢克莱修和琉善坚持德谟克利特和伊壁鸠鲁的原子论学说，反对唯心主义和宗教迷信。卢克莱修的《物性论》一书，系统地阐述了伊壁鸠鲁的哲学，是唯一保留下来的古代唯物主义哲学的完整著作。同时，各种唯心主义哲学盛行。怀疑论和斯多阿主义继续流行，此外，还产生了西塞罗的折中主义和以斐洛为代表的神秘主义哲学。

罗马时期最大的唯心主义哲学派别是以普罗提诺为代表的新柏拉图学派，它实际上是将斯多阿主义、伊壁鸠鲁及怀疑论的学说同柏拉图、亚里士多德哲学的内容相结合的产物。它的主要特点是发挥柏拉图学说中的神秘主义思想。普罗提诺认为万物的本原是神秘的“太一”。它是绝对的、超存在的神，由它流出万物。正是这种神秘主义哲学为当时新兴的基督教提供了理论基础。罗马后期开始产生“教父哲学”，使哲学沦为宗教神学的工具。从此古希腊罗马哲学向中世纪哲学过渡。

多才多艺的泰勒斯

泰勒斯是古希腊第一个自然科学家和哲学家，希腊最早的哲学学派爱奥尼亚学派（米利都学派）的创始人。

他生于米利都，他的家庭属于奴隶主贵族阶级，从小受到了良好的教育。泰勒斯是古希腊著名的哲学家、天文学家、数学家和科学家。他招收学生，建立了学园，创立了米利都学派。他不仅是当时自然唯物主义的代表，同时也是较早的科学启蒙者。

泰勒斯生活的那个时代，整个社会还处于愚昧落后的状态，人们对许多自然现象理解不了，但是，泰勒斯却总想探讨自然中的真理。

哲学的思考

泰勒斯的哲学观点用一句话来总结就是“水生万物，万物复归于水”，他认为世界本原是水。他的格言就是：“水是最好的。”

泰勒斯还有一个很重要的观点就是“万物有灵”。根据这一学说，连石头也是有灵魂的生物。泰勒斯向他哲学上的对立面毕达哥拉斯反复强调说：“整个宇宙都是有生命的，而又正是灵魂才使一切生机盎然”。这一说法在当时非常流行。

泰勒斯曾用磁石和琥珀做实验，发现这两种物体对其他物体有吸引力，便认为它们内部有生命力，只是这生命是肉眼看不见的。由此，泰勒斯得出结论：任何一块石头，看上去冰冷坚硬、毫无生气，却也有灵魂蕴涵其中。直到公元前300年，斯多葛派哲学家还用泰勒斯的实验来证实世间万物因有生命而相互吸引。

成功的商人

泰勒斯早年是一个商人，一个成功的商人。商旅生活使他了解到各地的人情风俗，开阔了眼界。

关于经商还有一则故事。泰勒斯利用各方面的知识，预见橄榄必定获得大丰收，于是就垄断了这一地区的榨油机，事情果然按照他预料的方向发展，他按自定的价格出租榨油机，获得了巨额收益。

不过他这样做并不是想成为富翁，而是想回答有些人对他的讥讽：如果你足够聪明的话，为什么不去发财呢？

涉猎天文学

在天文学方面，泰勒斯作了很多研究，他对太阳的直径进行了测量和计算，结果他宣布太阳的直径约为日道的七百二十分之一，这个数字与现在所测得的太阳直径相差很小。通过对日月星辰的观察和研究，他确定了三百六十五天为一年，在当时没有任何天文观察设备的情况下，作出这样的发现是很了不起的。

在天文学领域，他为人们所津津乐道的就是正确地解释了日食的原因，并曾预测了一次日食，制止了一场战争。

当时，米底王国与两河流域下游的迦勒底人联合攻占了亚述的首都尼尼微，亚述的领土被两国瓜分了。米底占领了今伊朗的大部分地区，准备继续向西扩张，但受到吕底亚王国的顽强抵抗。两国在哈吕斯河一带展开激烈的战斗，接连五年也没有决出胜负。

战争给百姓带来了灾难，百姓们流离失所。泰勒斯预先推测出某天有日食，便扬言上天反对人世的战争，某日必以日食作警告。当时，没有人相信他。后来果然不出所料，在公元前585年5月28日，当两国的将士们短兵相接时，天突然黑了下来，白昼顿时变成黑夜，交战的双方惊恐万分，于是马上停战和好，后来两国还互通婚姻。

数学上的贡献

泰勒斯在数学方面划时代的贡献是引入了命题证明的思想，它标志着人们对客观事物的认识从经验上升到理论，这在数学史上是一次不寻常的飞跃。在数学中引入逻辑证明，它的重要意义在于：保证了命题的正确性；揭示各定理之间的内在联系，使数学构成一个严密的体系，为进一步发展打下基础；使数学命题具有充分的说服力，令人深信不疑。

证明命题是希腊几何学的基本精神，而泰勒斯就是希腊几何学的先驱。他把埃及的地面几何演变成平面几何学，并发现了许多几何学的基本定理，如“直径平分圆周”、“等腰三角形底角相等”、“两直线相交，其对顶角相等”、“半圆所对的圆周角是直角”、“相似三角形对应边成比例”等，并将几何学知识应用到实践当中去。

据说，埃及的大金字塔修成一千多年后，还没有人能够准确地测出它的高度。一年春天，泰勒斯来到埃及，人们想试探一下他的能力，就问他是否能解决这个难题，泰勒斯很有把握地说可以，但有一个条件——法老必须在场。第二天，法老如约而至，金字塔周围也聚集了不少围观的老百姓。泰勒斯来到金字塔前，阳光把他的影子投在地面上。每过一会儿，他就让别人测量他影子的长度，当测量值与他的身高完全吻合时，他立刻把大金字塔在地面的投影处作了一个记号，然后再丈量金字塔底到投影尖顶的距离。这样，他就报出了金字塔确切的高度。在法老的请求下，他向大家讲解了如何从“影长等于身长”推到“塔影等于塔高”的原理。这就是今天所说的相似三角形定理。

生活中的幽默大师

泰勒斯言谈幽默，并且非常有哲理。

他对于“怎样才能过着有哲理和正直的生活？”的回答是：“不要做你讨厌别人做的事情。”有人问：“你见过最奇怪的事情是什么？”他的回答是：“长寿的暴君。”“你做出一项天文学的发现，想得到些什么？”回答是：“当你告诉别人时，不说它是你的发现，而说是我的发现，这就是对我的最高奖赏。”

据史料记载，有一次，梭伦曾到米利都探望泰勒斯，问他为什么一直不结婚，泰勒斯当时没有回答。几天之后，一个陌生人来到梭伦面前，说他前一天去过雅典，梭伦向他打听那里的新闻。那人说：有一个青年的葬礼轰动了全城，他死的时候父亲不在家，出外游历去了。梭伦听了大惊失色，连忙打听这个青年的姓名，那人说他记不清了，不过他好像很聪明，很正直。当惊慌失色的梭伦就要猜出是他的儿子出了事时，泰勒斯笑着劝他说，这就是我不肯娶妻生子的原因啊！

“西方的孔子”

公元前399年，在雅典的荒烟蔓草里仿佛游荡着一个光辉的身影——苏格拉底，这个不死的灵魂在永不疲惫地传达着神的圣谕，不住地向来去匆匆的人们发送着理性的光环。

公元前469年，苏格拉底出生在一个雅典中产家庭，他的父亲是雕刻匠，他的母亲是助产婆。他出生在希波战争取得完全胜利的时刻，成长在伯里克利的盛世，当时正值智者从全希腊各地云集雅典，给民主制度雅典带来许多新知和自由论辩的新风尚的时期。

年轻的苏格拉底向著名的智者普罗泰哥拉和普罗第柯等人求教，讨论各种重要的社会人事和哲学的问题。他以一种对哲学的崭新理解开创了希腊哲学的新纪元，通过他的教诲产生了柏拉图和亚里士多德，产生了犬儒派等新学派，并通过他们一直影响到希腊化罗马时代。

他貌不出众，但言谈话语富有魅力，他在辩论之中度过了一生，并向青年们教授哲学。他对人的生命有透彻的了解，被人们称为“西方的孔子”。

苏格拉底的哲学

苏格拉底一生过着艰苦的生活。无论酷暑严寒，他都穿着一件普通的单衣，经常不穿鞋，对吃饭也不讲究。但他似乎没有注意到这些，只是专心致志地做学问。

从智者开始，古希腊哲学由注重对自然本身的研究转变到注重对社会伦理和人的研究，但他们只停留在感性的阶段，只能得出相对主义的结论，到苏格拉底才根本改变了这种状况。苏格拉底要求作“心灵的转向”，把哲学从研究自然转向研究自我，即后来人们常说的将哲学从天上拉回到人间。他认为对于自然的真理的追求是无穷无尽的，感觉世界常变，因而得来的知识也是不确定的。苏格拉底要追求一种不变的、确定的、永恒的真理，这就不能求诸自然外界，而要反求于己，研究自我。从苏格拉底开始，自我和自然明显地区别开来，人不再仅仅是自然的一部分，而是和自然不同的另一种独特的实体。

沉思中的苏格拉底

关于灵魂的学说，苏格拉底进一步使精神和物质的分化更加明朗起来。在苏格拉底以前的哲学家，早已有灵魂不灭的说法，已经有唯心主义和唯物主义对立的萌芽，但他们对于灵魂的看法还比较模糊，有的还将灵魂看成是最精细的物质，因而唯心主义和唯物主义的界限还不明确。到苏格拉底才明确地将灵魂看成是与物质有本质不同的精神实体。在苏格拉底看来，事物的产生与灭亡，不过是某种东西的聚合和分散。他将精神和物质这样明确对立起来，成为西方哲学史上唯心主义哲学的奠基人。

苏格拉底的学说具有神秘主义色彩。他认为，天上和地上各种事物的生存、发展和毁灭都是神安排的，神是世界的主宰。他反对研究自然界，认为那是亵渎神灵的。他提倡人们认识做人的道理，过有道德的生活。他的哲学主要研究探讨的是伦理道德问题。如什么是正义，什么是非正义；什么是勇敢，什么是怯懦；什么是诚实，什么是虚伪；什么是智慧，知识是怎样得来的；什么是国家，具有什么品质的人才能治理好国家，治国人才应该如何培养等等。后人称苏格拉底的哲学为“伦理哲学”。他为哲学研究开创了一个新的领域，使哲学“从天上回到了人间”，在哲学史上具有伟大的意义。

为教育奉献一生

为了提高雅典人的道德水平和造就治国人才，苏格拉底潜心研究哲学并积极从事教育工作。

苏格拉底终生从事教育工作，具有丰富的教育实践经验并有自己的教育理论，但是他并没有创办自己的学校。那么他在哪里施教呢？他怎么施教呢？广场、庙宇、街头、商店、作坊、体育馆等，都是他施教的场所。青年人、老年人、有钱人、穷人、农民、手艺人、贵族、平民，都是他施教的对象，不论是谁，只要向他求教，他都热情施教。当时的其他教师智者，是收取学费的，他们以当教师作为赚钱的手段，而苏格拉底教人是不收学费的，他是为城邦的利益而教人，是义务教师，因此苏格拉底一生都很清贫。

在教学上，苏格拉底有自己的一套教学方法，那就是“问答法”。他本人称之为“产婆术”，这种方法自始至终是以师生问答的形式进行的。苏格拉底在教学生获得某种概念时，不是把这种概念直接告诉学生，而是先向学生提出问题，让学生回答，如果学生回答错了，他也不直接纠正，而是提出另外的问题引导学生思考，从而一步一步得出正确的结论。

有一次，苏格拉底的学生问他："老师，请问什么是善行？"苏格拉底回答说："盗窃、欺骗、把人当奴隶贩卖，你认为这些行为是善行还是恶行？"

他的学生说："当然是恶行。"

于是苏格拉底又问："那欺骗敌人是恶行吗？"

学生说："这当然是善行了。不过，我指的是朋友不是敌人。"

苏格拉底笑了，他说："偷朋友的东西是恶行。这个你肯定同意吧？但是，如果朋友要自杀，你偷了他准备用来自杀的刀子，这是恶行吗？"学生回答是善行。

苏格拉底继续说："对朋友行骗肯定是恶行，对吧？可是，在战争中，统帅为了鼓舞士气，在没有援军的情况下，骗士兵说援军就要到了。这种欺骗是恶行吗？"

说到这儿，他的学生明白了：在不同的场合与不同的对象间，善与恶有着不同的定义，不是绝对的。这种通过反问或反驳来使学生在不知不觉中接受自己的思想影响，并获得知识的教育方法，是大教育家苏格拉底的首创。他从不喜欢那种将现成的答案灌输给学生、强行让他们接受自己观点的"填鸭式"教学法，而是喜欢提出问题让学生回答，或是让他亲身去实践，以启发他思考。

苏格拉底这种以启发、诱导为主，使人主动地去分析并思考问题的教育方法，就像是点燃了孩子头脑的火把，即使在数千年后的今天，仍发出耀眼的光芒。

苏格拉底对教育的意义、目的、内容和方法，都提出了自己的主张。他认为，教育对一个人的成长非常重要。他认为，无论是天资比较聪明的人还是天资比较迟钝的人，如果他们决心要得到值得称道的成就，都必须勤学苦练才行。

苏格拉底的教育目的是造就治国人才。伯里克利死后，雅典由于没有好的领导人，民主制度变成了极端民主化，变成了无政府主义，连国家领导人都用抓阄或抽签的办法选出来，苏格拉底对此十分痛心。他认为治国人才必须受过良好的教育，主张通过教育来培养治国人才。为了培养治国人才，他付出了毕生的精力。

哲学家的生活逸事

苏格拉底的妻子

苏格拉底的妻子是个心胸狭窄，性格冥顽不化，喜欢唠叨不休，动辄破口大骂的女人，她常使著名的哲学家苏格拉底困窘不堪。

一次，别人问苏格拉底“为什么要娶这么个夫人”时，他回答说：“擅长马术的人总要挑烈马骑，骑惯了烈马，驾驭其他的马就不在话下。我如果能忍受得了这个女人的话，恐怕天下就再也没有难以相处的人了。”据说苏格拉底就是为了在他妻子烦死人的唠叨申诉声中净化自己的精神才与她结婚的。

有一次，苏格拉底正在和学生们讨论学术问题，互相争论的时候，他的妻子气冲冲地跑进来，把苏格拉底大骂了一顿，之后，又提来一桶水，猛地泼到苏格拉底身上。在场的学生们都以为苏格拉底会怒斥妻子一顿，哪知苏格拉底摸了摸浑身湿透的衣服，风趣地说：“我知道，打雷以后，必定会下大雨的。”

死前的嘱托

公元前399年6月的一个傍晚，雅典监狱中一位老人就要被处决了。只见他衣衫褴褛，散发赤足，面容镇定自若。

打发走妻子、家属后，他与几个朋友侃侃而谈，似乎忘记了就要到来的处决。这时候一个狱卒端着毒酒走进来。他看了一眼那陶罐，对朋友们说：“好的，我的日子到了。”然后一饮而尽。

那一年他70岁，他躺在木板床上说的最后一句话是：“前些天我吃了邻居家一只鸡没有付钱，告诉我老婆把钱付了。”他就是大哲学家苏格拉底。

苏格拉底和他的房子

苏格拉底非常的聪明，全国各地的年轻人都来投奔他，向他学习聪明智慧。他讲述的方式非常生动，所以听的人都不感到厌烦。

一个夏天，他为自己建造了一所房子。房子非常小，他的邻居都很纳闷，这房子怎么会使他满意呢?

“您这么一个大人物，却把自己的房子盖成这么一个小盒子，有什么道理吗？”

“确实没有什么道理。”他说，“不过这个地方虽小，但是如果我能使它容下真正的朋友，我将会认为自己是快乐的。”

最大的麦穗

一天，苏格拉底带领几个弟子来到一块麦地边。那正是成熟的季节，地里满是沉甸甸的麦穗。苏格拉底对弟子们说：“你们去麦地里摘一个最大的麦穗，只许进不许退。我在麦地的尽头等你们。”

弟子们听懂了老师的要求后，就陆续走进了麦地。地里到处都是大麦穗，哪一个才是最大的呢？弟子们埋头向前走。看看这一株，摇了摇头；看看那一株，又摇了摇头。他们总以为最大的麦穗还在前面，完全没有必要过早地定夺。

弟子们一边低着头往前走，一边用心地挑挑拣拣，经过了很长一段时间，突然，大家听到苏格拉底苍老的、如同洪钟一般的声音：“你们已经到头了。”这时两手空空的弟子们才如梦初醒。苏格拉底对弟子们说：“这块麦地里肯定有一穗是最大的，但你们未必能碰见它；即使碰见了，也未必能作出准确的判断。因此最大的一穗就是你们刚刚摘下的。”

苏格拉底的弟子们听了老师的话，悟出了这样一个道理：人的一生仿佛也是在麦地中行走，也在寻找那最大的一穗。有的人见了那颗粒饱满的“麦穗”，就不失时机地摘下它；有的人则东张西望，一再错失良机。当然，追求应该是最大的，但把眼前的“麦穗”拿在手中，才是实实在在的。

追求精神恋爱的学者

柏拉图

柏拉图是古希腊最著名的唯心论哲学家和思想家，是西方哲学史上第一个使唯心论哲学体系化的人。他的著作和思想对后世有着十分重要的影响。

柏拉图出身于雅典一个大贵族家庭，在家中排行老四。他的家庭宣称是古雅典国王的后代，他也是当时雅典知名的政治家柯里西亚斯的侄子，不过两人之间的关系也仍有争议。柏拉图生于伯罗奔尼撒战争期间，青年时期和其他贵族子弟一样受过良好的教育，并接触到当时的各种思潮。由于柏拉图出色的学习能力和其他才华，古希腊人称赞他为阿波罗之子，并称在柏拉图还是婴儿的时候曾有蜜蜂停留在他的嘴唇上，才会使他口才如此甜蜜流畅。

对柏拉图一生影响最大的是苏格拉底。柏拉图20岁时拜苏格拉底为师，跟他学习了十年，直到苏格拉底被雅典民主派处死。老师的死给柏拉图以沉重的打击，他同自己的老师一样，反对民主政治，认为一个人应该做和他身份相符的事，农民只管种田，手工业者只管做工，商人只管做生意，平民不能参与国家大事。苏格拉底的死加深了他对平民政体的成见。他说，我们做一双鞋子还要找一个手艺好的人，生了病还要请一位良医，而治理国家这样一件大事竟随便交给什么人，这岂不是荒唐?

老师死后，柏拉图不想在雅典下去开，始在海外漫游，先后到过埃及、意大利、西西里等地，他边考察边宣传他的政治主张。公元前388年，他到了西西里岛的叙拉古城，想说服统治者建立一个由哲学家管理的理想国，但目的没有达到。返回途中他不幸被卖为奴隶，他的朋友花了许多钱才把他赎回来。

柏拉图回到雅典后，开办了一所学园。一边教学，一边著作，他的学园门口挂着一个牌子：“不懂数学者免进”。这个学园成为古希腊重要的哲学研究机构，开设四门课程：数学、天文、音乐、哲学。柏拉图要求学生不能生活在现实世界里，而要生活在头脑所形成的观念世界里。他形象地说：“画在沙子上的三角形可以抹去，可是，三角形的观念，不受时间、空间的限制而留存下来。”柏拉图深知学以致用的道理，在他的学园里按照他的政治哲学培养了各方面的从政人士。他的学园又被形象地称为“政治训练班”。

哲学上的思想光辉

柏拉图是西方客观唯心主义者，他继承了苏格拉底的唯心主义，成为西方客观唯心主义哲学的始祖。

柏拉图认为世界由“理念世界”和“现象世界”组成。

理念的世界是真实的存在，永恒不变，而人类感官所接触到的这个现实的世界，只不过是理念世界的微弱的影子，它由现象组成，而每种现象是因时空等因素而表现出暂时变动等特征。由此出发，柏拉图提出了一种理念论和回忆说的认识论，并将它作为教学理论的哲学基础。

柏拉图认为，自然界中有形的东西是流动的，但是构成这些有形物质的“形式”或“理念”却是永恒不变的。柏拉图指出，当我们说到“马”时，我们没有指任何一匹马，而是称任何一种马。而“马”的含义本身独立于各种马（“有形的”），它不存在于空间和时间中，因此是永恒的。但是某一匹特定的、有形的、存在于感官世界的马，却是“流动”的，会死亡，会腐烂。这可以作为柏拉图的“理念论”的一个初步的解说。

柏拉图认为，我们对那些变换的、流动的事物不可能有真正的认识，我们对它们只有意见或看法，我们唯一能够真正了解的，只有那些我们能够运用我们的理智来了解的“形式”或者“理念”。因此柏拉图认为，知识是固定的和肯定的，不可能有错误的知识，但是意见是有可能错误的。

在柏拉图的《理想国》中，有一个著名的洞穴比喻来解释理念论：有一群囚犯在一个洞穴中，他们手脚都被捆绑，身体也无法转身，只能背对着洞口。他们面前有一堵白墙，他们身后燃烧着一堆火。在那面白墙上他们看到了自己以及身后到火堆之间事物的影子，由于他们看不到任何其他东西，这群囚犯以为影子就是真实的东西。最后，一个人挣脱了枷锁，并且摸索出了洞口，他第一次看到了真实的事物。他返回洞穴并试图向其他人解释，那些影子其实只是虚幻的事物，并向他们指明光明的道路。但是对于那些囚犯来说，那个人似乎比他逃出去之前更加愚蠢，并向他宣称，除了墙上的影子之外，世界上没有其他东西了。

柏拉图利用这个故事来告诉我们，“形式”其实就是那阳光照耀下的实物，而我们的感官世界所能感受到的不过是那白墙上的影子而已。我们的大自然比起鲜明的理念世界来说，是黑暗而单调的。不懂哲学的人能看到的只是那些影子，而哲学家则在真理的阳光下看到外部事物。

柏拉图认为人的一切知识都是由天赋而来，它以潜在的方式存在于人的灵魂之中。因此认识不是对世界物质的感受，而是对理念世界的回忆。教学目的是为了恢复人的固有知识。教学过程即是“回忆”理念的过程。在教学中，柏拉图重视对普遍、一般的认识，特别重视学生思维能力的培养，认为概念、真理是纯思维的产物。同时他又认为学生是通过理念世界在现象世界的影子中才得以回忆起理念世界的，承认感觉在认识中的刺激作用。他特别强调早期教育和环境对儿童的作用，认为在幼年时期儿童所接触到的事物对他有着永久的影响，教学过程要通过具体事物的感性启发，引起学生的回忆，经过反省和思维，再现出灵魂中固有的理念知识。就此而言，柏拉图的教学认识是一种先验论。

此外，柏拉图还发挥了希腊传统的灵感说。他认为创作的源泉是灵感，诗人须有神灵凭附，转入狂热状态，才能创造出伟大的作品。这也是客观唯心主义在创作理论上的表现。

精神恋爱

有一天，柏拉图问他的老师苏格拉底什么是爱情。老师就让他先到麦田里去，摘一颗全麦田里最大最金黄的麦穗来，只能摘一次，并且只可向前走，不能回头。

柏拉图于是按照老师说的去做，结果他两手空空地走出了田地。老师问他为什么摘不到。

他说：因为只能摘一个，又不能走回头路，其间即使见到最大最金黄的，因为不知前面是否有更好的，所以没有摘；走到前面时，又发觉总不及之前见到的好，原来最大最金黄的麦穗早已错过，于是我什么也没摘。

老师说："这就是爱情"。

之后又有一天，柏拉图问他的老师什么是婚姻，他的老师就叫他先到树林里，砍下一棵全树林最大最茂盛、最适合放在家中作圣诞树的树。同样只能砍一次，只可以向前走，不能回头。

柏拉图于是照着老师的话做。这次，他带了一棵普普通通，不是很茂盛，亦不算太差的树回来了。老师问他，怎么带这棵普普通通的树回来，他说："有了上一次经验，当我走到大半路程还两手空空时，看到这棵树也不太差，便砍下来，免得错过了，最后什么也带不出来。"

老师说："这就是婚姻！"

在欧洲，很早就有被我们中国人称之为"精神恋爱"的柏拉图式的爱，这种爱认为肉体的结合是不纯洁的，是肮脏的，认为爱情和情欲是互相对立的两种状态，因此，当一个人确实在爱着的时候，他完全不可能想到要在肉体上同他所爱的对象结合。

在今天的人们看来，柏拉图的爱情观让人不可思议。而有一位美国学者却对今人所理解的这种柏拉图的爱情观，提出了新的见解。美国东西部社会学会主席、《美国家庭体制》一书的作者伊拉·瑞斯经研究后认为，柏拉图推崇的精神恋爱，实际上指的是同性之间的一种爱，也就是"同性恋"。古希腊人认为，同性恋的过程更多的是灵交、神交，而非形交。在女性很少受教育的古希腊社会，男人很难从女人中找到精神对手，这就是柏拉图偏重男性之间的爱情的原因。柏拉图坚信"真正"的爱情是一种持之以恒的情感，而唯有时间才是爱情的试金石，唯有超凡脱俗的爱，才能经得起时间的考验。

教育上的独到见解

在教育上，柏拉图创立了金字塔式的教学体系。为了发展理性，他设立了全面而丰富的课程体系，他以学生的心理特点为依据，划分了几个年龄阶段，并分别授以不同的教学科目。0～3岁的幼儿在育儿所里受到照顾。3～6岁的儿童在游乐场内进行故事、游戏、唱歌等活动。6岁以后，儿童进入初等学校接受初级课程。在教学内容上，柏拉图接受了雅典以体操锻炼身体，以音乐陶冶心灵的和谐发展的教育思想，为儿童安排了简单的读、写、算、唱歌，同时还十分重视体操等体育训练项目。17～20岁的青年升入国立的“埃弗比”接受军事教育，并结合军事需要学习文化科目，主要有算术、几何、天文、音乐。20～30岁，经过严格挑选，进行10年科学教育，着重发展青年的思维能力，继续学习“四科”（算术、几何、天文、音乐），懂得自然科学间的联系。30岁以后，经过进一步挑选，学习5年，主要研究哲学等。至此，形成了柏拉图相对完整的金字塔式的教学体系。

根据教学目的，柏氏吸收和发展了智者的‘三艺’及斯巴达的军事体育课程，总结了雅典的教学实践经验，在教育史上第一次提出了“四科”。这“四科”成为古希腊课程体系的主干和导源，支配了欧洲的中等与高等教育1500年之久。

柏拉图认为，每门学科均有其独特的功能，凡有所学，皆会促成性格的发展。在17岁之前，广泛而全面的学科内容是为了培养公民的一般素养，而对于未来的哲学家来讲，前面所述的各门学科都是学习辩证法必不可少的知识准备。文法和修辞是研究哲学的基础；算术是为了锻炼人的分析与思考能力；学习几何、天文，对航海、行军作战、观测气候、探索宇宙十分重要；学习音乐则是为了培养军人的勇敢和高尚的道德情操。同时，他还很重视选择和净化各种教材，如语言、故事、神话、史诗等，使其符合道德要求，以促进儿童心智发展。

就教学方法而言，柏拉图师承苏格拉底的“问答法”，把回忆已有知识的过程视为一种教学和启发的过程。他反对用强制性手段灌输知识，提倡通过问答形式，提出问题，揭露矛盾，然后进行分析、归纳、综合、判断，最后得出结论。

理性的训练是柏拉图教学思想的主要特色。在教学过程中，柏拉图始终是以发展学生的思维能力为最终目标的。在《理想国》中，他多次使用了“反思”和“沉思”两词，认为关于理性的知识唯有凭借反思、沉思才能真正融会贯通，达到举一反三。感觉的作用只限于现象的理解，并不能成为获得理念的工具。因此，教师必须引导学生心思凝聚，学思结合，从一个理念到达另一个理念，并最终归为理念。教师要善于点悟、启发、诱导学生进入这种境界，使他们在“苦思冥想”后“顿开茅塞”，喜获“理性之乐”。这与苏格拉底的“助产术”有异曲同工之妙。

但是，柏拉图夸大了理性发展在教学中的意义。他主张的通过回忆和沉思冥想以致知的教学过程，反映了其对掌握知识理解中的唯心主义倾向。特别是他把理性绝对化、孤立化，使感觉和理性之间对立起来的思想，成了中世纪经院派教条主义教学方法的理论基础。

柏拉图的理想国

所谓“理想国”就是一个虚构的理想国度，也就是我们所称的“乌托邦”。简而言之，柏拉图认为这个国度应由哲学家来治理，他用人体的构造来解释这个概念。

依照他的说法，人体由三部分构成，分别是头、胸、腹，人的灵魂也相对具有三种能力，“理性”属于头部的能力，“意志”属于胸部，“欲望”则属于腹部。这些能力各自有其理想，也就是“美德”。理性追求智慧，意志追求勇气，欲望则必须加以遏制，以做到“自制”。唯有人体的这三部分协调运作时，个人才会达到“和谐”或“美德”的境界。在学校时，儿童首先必须学习如何控制自己的欲望，而后再培养自己的勇气，最后运用理性来达到智慧。

他认为一个国家应该有统治者、战士与工匠（如农夫），就像人有头、胸、腹一般，显然柏拉图此处是参考希腊医学的说法。正如一个健康和谐的人懂得平衡与节制一般，一个有德之国的特色是每一位国民都明白自己在整个国家中所扮演的角色。

柏拉图的政治哲学与他在其他方面的哲学一样，是以理性主义为特色。国家要能上轨道，必须以理性来统治。就像人体由头部来掌管一般，社会也必须由哲学家来治理。

对于现代人而言，柏拉图的“理想国”可算是极权国家。他相信女人能和男人一样有效治理国家，因为统治者以理性来治国。他认为女人只要能受到和男人一样的训练，而且毋须生育、持家的话，也会拥有和男人不相上下的理性思考能力。在柏拉图的理想国中，统治者与战士都不能享受家庭生活，也不许拥有私人的财产。同时，由于养育儿童的责任极为重大，因此不可由个人从事，而必须由政府来负责。（柏拉图是第一位主张成立公立育幼所和推展全时教育的哲学家）

因此，我们不难了解“理想国”跟中国早期老子的政治思想有一些雷同之处。譬如强调“无知”、“无欲”及“无为”。柏拉图的理想国度只是一个社会的机器，机器中的每一个零件会恪尽职责地执行任务，甚至他也会要求他的下一代这样做，继承自己的职责，因为他们从小就接受高度的哲学教育，知道以理处事而非私欲及感情。在这种架构下，社会的阶层是很明确的而且不能越过鸿沟。基本上，“理想国”没有思考过感情、人性在一个国家中所影响的程度，甚至觉得“感情”这种东西造成社会制度的混乱。

然而我们从人类生存的目的及历史回顾“理想国”时，不难发现人类群体的意志事实上很难用社会制度做长期的规范，柏拉图当然也知道这一点，所以他写“理想国”的用意只是想在他所存在的物质世界的背后（影子），找到另一个实在存在（本体）。他称这个实在的世界为“理性的世界”，其中也包括存在于自然界各种现象背后永恒不变的模式。

有才的亚里士多德

亚里士多德是古代世界最伟大的哲学家和科学家，他创立和丰富了每个哲学领域的形式逻辑学，对科学做出了巨大的贡献。

亚里士多德于公元前384年出生在马其顿的斯塔基拉，他的父亲是一位著名的内科医生。亚里士多德十七岁时前往雅典柏拉图学园学习，在那儿他一学就是二十年，直到柏拉图死后不久才离开。

离开学园后，亚里士多德先是接受了先前的学友赫米阿斯的邀请访问小亚细亚。赫米阿斯当时是小亚细亚沿岸的密细亚的统治者，但是在公元前344年，赫米阿斯在一次暴动中被谋杀，亚里士多德不得不离开小亚细亚，和家人一起到了米提利尼。3年后，亚里士多德又被马其顿的国王腓力浦二世召唤回故乡，成为当时年仅13岁的亚历山大大帝的老师。

亚里士多德

亚里士多德对这位未来的世界领袖灌输了道德、政治以及哲学的知识，对亚历山大大帝的思想形成起了重要的作用。正是在亚里士多德的影响下，亚历山大大帝始终对科学事业十分关心，对知识十分尊重。

公元前335年腓力浦去世，亚里士多德又回到雅典，并在那里建立了自己的学校。亚里士多德一边讲课，一边撰写了多部哲学著作。因为亚里士多德边讲课，边漫步于走廊和花园，所以学园的哲学被称为“逍遥的哲学”或者“漫步的哲学”。

亚里士多德的第一哲学

亚里士多德首先是个伟大的哲学家，他虽然是柏拉图的学生，但却抛弃了他的老师所持的唯心主义观点。“吾爱吾师，但我更爱真理。”

他对柏拉图的观点进行了有力的批判：

首先，亚里士多德认为柏拉图的理念论不能说明事物的存在。亚里士多德认为，事物总是个别存在的，个别事物决不是由于有什么在它之外且与它相分离的理念的存在而存在的，即处在事物之外、与事物相分离的理念不能产生个别事物。理念不仅不能解释事物的存在，且理念本身的存在还有待于说明。在亚里士多德看来，这种脱离了个别事物的理念本身的存在很成问题。

其次，他认为柏拉图的理念论没有说清理念与事物之间的关系。亚里士多德指出，柏拉图把理念说成是“模型”，事物是“模仿”或“分有”理念而来的，这种说法根本说不通，“只不过是说空话、打诗意的比方而已”。事实上，不必有什么理念作模型，事物照样能够存在或生成，事物根本不是“模仿”或“分有”理念来的。相反，用“模仿”或“分有”解释事物会产生很多混乱。如，事物往往是许多属性的统一体。按照柏拉图理论，同一事物会有几个模型，因而就“模仿”或“分有”好几个“形式”（理念）了。

再次，他认为柏拉图理念论不能说明事物的运动变化。据柏拉图学说，理念是永恒的，即没有运动变化、产生和消灭。理念若为个别事物的原因（模型），则作为理念摹本的个别事物就不可能有生灭变化。个别事物总是有运动变化的，总是处在产生和消灭的过程之中，这是为柏拉图所承认的事实。不变的理念究竟如何能产生变化的事物呢？柏拉图的理念说无法解决这个矛盾。亚里士多德认为，柏拉图的理念论缺少动力因，因而无法逾越理念和事物之间的鸿沟。

最后，亚里士多德也批判了柏拉图派的理念数论。指出“数”和“理念”一样，都是不能和具体事物相分离而独立存在的。我们可以在思想上将事物的数量关系与事物分离开来作为研究对象，但思想上的分离不等于实际上的分离。

亚里士多德明确地把第一哲学与其他科学区别开来。他说：第一哲学专门研究“有”（或译“存在”）本身，以及“有”凭本性具有的各种属性；它考察作为“有”的“有”，以及“有”作为“有”而具有的各种属性。在亚里士多德看来，哲学与其他科学不同，它研究客观自然界一切事物的产生、灭亡、运动、变化的最根本、最原始的原因，也就是“第一因”。哲学是关于第一因的学问，因此，亚里士多德称其为“第一哲学”。“第一哲学”所探讨的就是哲学的基本理论问题，特别是关于思维和存在的关系这个最根本的问题。

亚里士多德和柏拉图一样，认为理性方案和目的是一切自然过程的指导原理。可是亚里士多德对因果性的看法比柏拉图的更为丰富，因为他接受了一些古希腊时期对这个问题的看法。他指出，“因”主要有四种，第一种是质料因，即形成物体的主要物质；第二种是形式因，即主要物质被赋予的设计图案和形状；第三种是动力因，即为实现这类设计而提供的机构和作用；第四种是目的因，即设计物体所要达到的目的。举个例子来说，制陶者的陶土为陶器提供其质料因，而陶器的设计样式则是它的形式因，制陶者的轮子和双手是动力因，而陶器打算派的用途是目的因。亚里士多德本人看中的是物体的形式因和目的因，他相信形式因蕴藏在一切自然物体和作用之内。开始这些形式因是潜伏着的，但是物体或者生物一旦有了发展，这些形式因就显露出来了。最后，物体或者生物达到完成阶段，其制成品就被用来实现原来设计的目的，即为目的因服务。他还认为，在具体事物中，没有无质料的形式，也没有无形式的质料，质料与形式的结合过程，就是潜能转化为现实的运动。这一理论表现出自发的辩证法的思想。

“三段论”学说

亚里士多德是逻辑学的创始人，也是形而上学的开创者，在哲学史和逻辑史上都具有重要的地位。

亚里士多德关于逻辑的定义是：一个推理是一个论证，在这个论证中，某些东西被规定下来，而在论证过程中必然会得出一些与这些被规定下来的东西不同的东西。在这个定义中，被规定下来的“有些东西”指的是推理的前提，得出的一些与前提“不同的东西”指的是推理的结论，前提和结论之间要具有“必然得出”的关系，从前提“必然地得出”结论是指前提的真与结论的真具有必然的联系，当前提为真时结论必然为真。这个定义表明，逻辑是关于推理的理论，它研究的是前提与结论之间“必然地得出”这种联系，进一步说，逻辑是关于推理的“必然地得出”的理论。亚里士多德把推理作为逻辑研究的对象，把“必然地得出”这种推理关系作为逻辑研究的重点，把“必然地得出”作为逻辑的本质特征。

亚里士多德逻辑主要是三段论理论，三段论推理由三个命题构成，两个命题作为前提，一个命题作为结论。比如，“所有人都会死，所有希腊人都是人，所以所有希腊人都会死”。亚里士多德研究三段论推理的重心在于，探讨三段论中两个前提与一个结论具备什么逻辑形式才具有“必然地得出”这种关系。他根据中项的位置确定了三段论的各个格，根据构成前提和结论的三个命题的逻辑形式确定了三段论的各个式。

亚里士多德从形式上刻画和规定了三段论的格与式，刻画和规定了保证“必然地得出”的各种三段论的推理形式，确立了有效的推理形式，排除了无效的推理形式，并且把这些有效的推理形式构造成为一个系统。作为这种研究方式的最大成果，亚里士多德构造了一个完全的三段论理论的形式系统。

生物学上的重大贡献

亚里士多德对五百多种不同的植物动物进行了分类，至少对五十多种动物进行了解剖研究，指出鲸鱼是胎生的，还考察了小鸡胚胎的发育过程。

在达尔文之前没有一个人比亚里士多德（公元前384～前322年）对我们了解生物界作出的贡献更多。他的生物学知识很广博，知识来源也很广泛。他在少年时期曾当过医师的学徒，后来又在勒斯波斯岛居住过三年，花了很多时间研究海洋生物。生物学史的各个方面几乎都从亚里士多德开始。

他是将生物学分门别类的第一人，并为之写出了专门著作（如动物分类、动物繁殖等），他首先发现了比较法的启发意义，他也是详细叙述多种动物生活史的第一人。

物理学上的独到见解

在物理学的力学上，亚里士多德的成就也不少，但是最常被提到的，却是他所犯的错误。亚里士多德提出的假设“凡是运动的物体，一定有推动者在推着它运动”是建立在日常经验上。若你看到一个东西在移动，你就会寻找一个推动它的东西（像是我们的手、身体）。当没什么东西推它时，它就会停止移动。所以，“必然存在第一推动者”。中古世纪的基督教说“第一推动者”就是上帝，并将亚里士多德的学说，与基督教教义结合。这样的结合让亚里士多德的学说成为权威学说，一直到了牛顿手里，才建立正确的力学学说。另外，亚里士多德又认为较重物体的下落速度会比较轻物体的快，这个错误观点在16世纪被意大利科学家伽利略从比萨塔上掷下两个不同重量圆球的实验推翻。

还有亚里士多德认为白色是一种再纯不过的光，而平常我们所见到的各种颜色是因为某种原因而发生变化的光，是不纯净的，直到17世纪大家对这一种结论还坚信不疑。后来为了验证这一观点，牛顿把一个三棱镜放在阳光下，阳光透过三棱镜后形成了红、橙、黄、绿、蓝、靛，紫七种颜色，牛顿得到了跟人们原先一直认为正确的观点完全相反的结论：白光是由这七种颜色的光组成的，这七种光才是纯净的。

教育上的思想认识

亚里士多德认为理性的发展是教育的最终目的，主张国家应对奴隶主子弟进行公共教育，使他们的身体、德行和智慧和谐地发展。在教学方法上，亚里士多德重视练习与实践的作用。如在音乐教学中，他经常安排儿童登台演奏，现场体验，熟练技术，提高水平。在师生关系上，亚里士多德不是对导师一味言听计从、唯唯诺诺，而是在继承的基础上敢于思考，坚持真理，勇于挑战。他那“吾爱吾师，吾尤爱真理”的品格，鼓舞着他把柏拉图建立起来的教学理论推进到了一个更高的水平。

亚里士多德的教学思想建立在他的人性论、认识论及对儿童身心发展考察的基础之上。他把人的灵魂分为两个部分，一是非理性灵魂，其功能是本能、感觉、欲望等，二是理性灵魂，其功能是思维、理解、认识等。他认为在人的认识过程中，灵魂的主要功能是感觉和思考。灵魂借助于感觉器官而感知外界事物，那被感觉的东西是不以人的意志为转移的，从而承认感觉在认识过程中的地位和作用。但是，他又认为感觉在这里只起到一种诱发的作用，真理和知识只有通过理性的思考才能获得。因此，亚里士多德的教学目的是发展灵魂高级部分的理性。

亚里士多德为其哲学学校设立了“百科全书”式的课程。他主张学生在德、智、体、美等方面全面发展，且在不同时期各有所侧重。幼儿期以身体发展（体育）为主；少年期以音乐教育为核心，以德、智、美为主要内容；高年级要学习文法、修辞、诗歌、文学、哲学、伦理学、政治学以及算术、几何、天文、音乐等学科。但不管怎样，重心都应放在发展学生的智力上。他特别强调音乐在培养儿童一般修养上的作用，认为音乐具有娱乐、陶冶性情、涵养理性三种功能，它能使人解疲乏、炼心智、塑造性格、激荡心灵，进而通过沉思进入理性的、高尚的道德境界。

第五章　文学的殿堂

原始社会的精神产物

古希腊神话是原始氏族社会的精神产物，是古希腊人集体创造的，也是西方世界最早的文学形式，大约产生于公元前8世纪以前。它在希腊原始初民长期口口相传的基础上形成基本规模，后在荷马、赫西俄德等人的作品中得到充分反映。它产生和反映的地理位置是西起希腊半岛，东至小亚细亚半岛，南到克里特岛的广大爱琴海地区。希腊神话大体可分为神的故事和英雄传说两大部分。

希腊文化的殿堂

希腊神话中的神祇像人一样，有情欲，有善恶，有计谋，互有血缘关系，都是人格化了的形象。如天父宙斯就经常下界追逐引诱凡间女子，而他的妻子赫拉则如同一个妒忌心极强的女人一样迫害她的情敌。神祇和人的区别也很明显：长生不老，可随意变形，具有特殊本领和巨大威力，其好恶态度对下界人类的生杀祸福起着决定作用。其中地位最显赫的神是居住在奥林匹斯山上的十二个主神。

英雄传说中的英雄都是神和人所生的后代，是半神半人的，具有过人的才能和非凡的毅力。英雄传说以不同的家族为中心形成许多系统，主要包括赫拉克利特的传说、忒休斯的传说、伊阿宋的传说，等等。

希腊的神话想象力极强，它把自然界万事万物拟人化、神话化，也把人类精神领域、感情领域和社会生活领域的现象拟人化、神话化了，而且入情入理，合乎逻辑，创造出令人难忘的意境和鲜明的形象。

希腊神话是古希腊先民劳动积累和生活经验的凝聚，也是早期人类智慧和思考的结晶，成为后世人类共同的精神财富。

长篇史诗

荷马史诗是古希腊荷马时代的最高文学成就，据说由古希腊盲诗人荷马创作，包括两部长篇史诗《伊利亚特》和《奥德赛》。

《伊利亚特》共24卷，15693行，取材于希腊神话中“不和的金苹果”的传说。相传阿喀琉斯的父母举行婚礼的时候忘记邀请不和女神厄里斯，愤怒的复仇女神在宴席上扔下一个金苹果，上写“赠给最美的女子”，引发天后赫拉、智慧女神雅典娜和爱神阿佛洛狄忒之间的争夺，并最终导致特洛伊战争的爆发。史诗以特洛伊战争中希腊联军统率阿迦门农夺走勇将阿喀琉斯宠爱的女俘，阿喀琉斯因愤怒而不再参战这一情节为楔子，描写阿喀琉斯的愤怒以及此后51天之内发生的事情。

《奥德赛》的故事发生在紧接着特洛伊战争之后的10年中。特洛伊战争中为希腊联军献木马记的奥德修斯因冒犯海神波塞冬而在海上遇难，滞留异乡，他以无比的英雄气概克服种种困难，终于回家和妻儿团聚。

荷马史诗整部作品不仅内容丰富多彩，情节引人入胜，而且在艺术上也达到了很高的水平。

首先，规模宏大、构思精巧是史诗结构的一大特色。两部史诗都以空前宏伟的规模全面展现了处于过渡期的古希腊社会政治、经济、文化、军事等各方面的情况，前后共涉及了二十年间发生的历史事件。但是史诗并没有平铺直叙、记流水账似的记述其全过程，而是使用了高度集中、高度概括的创作手法，既突出了重点，又照顾了全局。《伊利亚特》以阿喀琉斯的两次愤怒为线索，把情节高度浓缩在战争最后一年的51天中，而具体描写的也只是九天间发生的事情；《奥德赛》首先描写的是奥德修斯回到故乡伊大卡前42天的海上遭遇，然后用倒叙的手法展现了他海上10年的漂流经历，同时又以帖雷马科寻父和全家团圆为线索，使全篇首尾呼应，浑然一体。这样的结构布局使全诗的情节引人入胜，极富于戏剧性。

其次，史诗用自然质朴的口语写成，使用了大量口头艺术的表现技巧，如夸张、烘托、比喻、固定修饰语和套语等。这些艺术手法的使用，是与其关照全局、突出重点的结构特征分不开的。夸张、烘托、比喻手法的运用贯穿始终，使全诗具有一种磅礴的气势，洋溢着浓厚的英雄主义气息；在塑造人物形象时又极富表现力，如用长老们看到海伦时惊讶的表情和交头接耳的动作来烘托其惊人的姿色，用老鹰追鸽来比喻阿喀琉斯追击赫克托尔。同时，使用固定修饰语有效地突出了人物的个性特征，如“捷足的阿喀琉斯”、“足智多谋的奥德修斯”等。重复套语的使用更体现了作品源于口头艺术的特色，有利于加深印象和形成节奏感。据统计，全诗重复的诗句约九千行，占整个篇幅的三分之一。总之，整部作品之所以具有史诗的宏大气势，之所以能塑造出一个个栩栩如生的人物形象，正是得益于对民间口头艺术的借鉴。

再次，诗歌本身独特的韵律和源于神话传说的丰富的想象极大地增强了作品的感染力。史诗采用六音步长短短格的诗体，不押韵尾，使全诗节奏鲜明又灵活多变。古希腊神话本身就包含着丰富多彩的想象，把它们纳入到具有独特表现力的诗歌当中，使得全诗在现实主义的基础之上又增加了浪漫主义色彩。

荷马史诗可以说是古希腊文化的集大成者。在这部作品中，人们不仅可以欣赏到绚丽多彩的神话传说和气势磅礴的英雄故事，也可以从中了解到很多天文、地理、历史、哲学等方面的知识，把它当作文学创作的典范来学习。从公元前5世纪开始，在古希腊雅典每四年举行一次的庆祝节日上，人们都要朗诵荷马史诗。后世许多著名作家如维吉尔、但丁、弥尔顿、歌德等都曾从史诗中汲取创作素材，引发创作灵感。荷马史诗在欧洲文学和文化发展史上所产生的重大影响将使其永远处于不可替代的地位。

萨福的时代

木乃伊惊现萨福诗作

2005年，在一具刚刚出土的埃及木乃伊上，人们首次发现了古希腊时期最伟大的抒情诗人萨福的第四首完整诗篇，此项发现被称为近年来欧洲考古史上最罕见的发现。这项发现对西方文学史研究——萨福研究有着重要的意义。

这首写于2600多年前的诗篇共有101个古希腊单词，被印在柔软的纤维织片和纸草上，覆盖在木乃伊经过处理的身体表面。

在这篇诗作中，萨福带着警戒的笔调，叙述了特洛伊创始人之子提托诺斯的爱情故事。提托诺斯是个美貌惊人的少年，黎明女神请求宙斯让提托诺斯长生不死，并让他做了自己的丈夫，但黎明女神忘了请求宙斯让提托诺斯永远保持年轻。当提托诺斯逐渐变得衰老无力，最终失去行走的力量后，不得不自闭房中，整天自言自语。全诗以老去的提托诺斯口吻写成，主题是永恒的艺术和戏剧般的人生，抒发了一个行将衰亡的躯体对他曾经熟识的年轻时代、爱情、柔韧有力之身体等美好事物的怀念。

萨福与她的诗

在希腊，萨福生活的那个年代的文学成就主要是以抒情诗为主的。古希腊抒情诗包括多种题材，主要分为双行体诗、讽刺诗、琴歌和牧歌。其中写双行体诗的古希腊诗人众多，最早的诗人据传是公元前7世纪上半叶的卡利诺斯，但是最擅长写此诗体的则是西摩尼德斯（公元前556~前466年）。

然而古希腊抒情诗中，成就最高的却是琴歌，是一种伴随着音乐的歌曲类诗体。琴歌分为两种，一是独唱体，一是合唱体。

独唱体琴歌的代表人物是女诗人萨福（公元前612年~？）。她出生于罗德斯岛上的贵族家庭。她的父亲喜好诗歌，在父亲的熏陶下，萨福也迷上了吟诗写作。她在成年后嫁给了一位贵族，还生了一个女儿，但是没有过多久，她选择了离开丈夫和家庭。她先是在西西里岛住了一段时间，又返回故乡，并在那里度过了余生。萨福的婚姻是不幸的，身为才女的她无法忍受婚姻中没有交流、没有灵魂的结合，这也许是多为才女的悲哀。

在罗德斯岛，萨福建立了一所女子学校，专门教授女孩子们写作诗歌。当时有不少少女慕名而来，拜在她门下。萨福以护花者的爱恋心情培育她们，同时也像母亲一样呵护她们成长，为这些花一般清新美丽的少女写下了许多动人的情诗和婚歌。古希腊人对同性之间的爱情抱有很大的宽容之心，所以这些带有强烈同性恋情感的诗歌不但没有遭禁，反而广为传颂。萨福的诗打动了许多人，罗德斯岛上的居民为了表示他们对萨福的爱戴，在萨福还活着的时候，他们在银币上铸上了她的头像。

萨福的诗具有划时代意义。萨福在体裁上作了改革，使其更加朝向抒情的方向发展，而且非常注意格律。此外，她还是第一个以第一人称描绘个人的爱恋情感的诗人，这与当时盛行的英雄史诗截然不同。

萨福的诗体是独创的。西方诗歌史上把这种诗体称为“萨福体”。它们是独唱形式的——荷马时代和古希腊悲剧中有许多是歌队的集体合唱，诗体短小，以抒情和倾诉内心情怀为主，音节更为单纯、明澈。在“萨福体”的格律中，每一节分为四行，每一行中长短音节在相对固定中略有变化，前三行有点像荷马时代的六韵步诗体，第四行则音节简短，显得干脆明快。相传，与萨福同时代的雅典统治者梭伦也是一位诗人，当他偶然听到萨福的诗篇时说“如果我学会了她的音律，可以死而无憾了”。哲学家柏拉图称她“第十个缪斯。”

萨福（拉斐尔）

伊索寓言

2500多年前伊索出生在希腊。伊索童年期是一个哑巴，只能发出奇怪的声音，用手势表达他的意思，再加上他长得又矮又丑，邻居都认为他是个疯子。但是他的母亲非常爱他，时常讲故事给他听。

母亲去世后，伊索跟着曾照料过他的老人，离家到各地去漫游，因此知道了许多有关鸟类、昆虫和动物的故事。后来，伊索被牧羊人卖了，从此以后伊索就变成一个奴隶。

有一天，伊索梦见了幸运之神和气地向他微笑，并把他的手指放进他的嘴里，放松他的舌头。醒来后，他意外地发现自己已经可以说话了。

伊索并没有写下他的寓言，他完全凭记忆口授。公元前5世纪末，“伊索”这个名字已为希腊人所熟知，希腊寓言开始都归在他的名下。现在常见的《伊索寓言》是后人根据拜占庭僧侣普拉努得斯搜集的寓言及以后陆续发现的古希腊寓言传抄本编订的。

伊索寓言大多是动物故事，其中的一部分，如《狼与小羊》、《狮子与野驴》等）用豺狼、狮子等凶恶的动物比喻人间的权贵，揭露他们的专横、残暴，反映了平民或奴隶的思想感情；《乌龟与兔》、《牧人与野山羊》等，则总结了人们的生活经验，教人处世和做人的道理。伊索寓言短小精悍，形象生动，对法国的拉·封丹、德国的莱辛、俄国的克雷洛夫都产生了明显的影响。

古希腊的悲喜剧

根据相关的历史记载，希腊戏剧起源于民间歌舞与宗教仪式。每当葡萄成熟的季节人们就举行盛大节日，来纪念他们心中的酒神，在这盛大的庆祝活动中，歌舞是必不可少的。

公元前534年一个叫克斯比斯的雅典人，在唱酒神颂歌时扮演人物讲酒神的故事。所以戏剧的定义是“由演员扮演人物，当着观众的面表演故事”。

古希腊的戏剧发展与当时的民主运动密切相关，希腊的民主运动开始于雅典梭伦时代，那时提出反对土地集中，剥夺贵族世袭特权等。到了伯利克里时代，政治、经济达到了最高峰，国王在政治上主张民主精神，他本人重视文化，喜爱戏剧，把戏剧作为他宣传政治主张与民主精神的场所。国家鼓励公民看戏，发放看戏津贴。到了戏剧节都放假看戏，犯人都被士兵押着看戏。伯利克里喜欢与一些戏剧家交朋友，还授给剧作家索福克勒斯大将军头衔。

古希腊的剧场都是露天的。希腊一年有300天左右不下雨，可以经常露天看戏。剧场大多在山坡上建造，在山坡空出一个扇形的观众席位场地，下面建一圆台为舞台，有的可容17000人，而且有很好的声音效果，舞台话音传到最后一个观众那里。在演出时，演员要戴面具，演员声音要高亢洪亮，表演要有真情实感。

古希腊戏剧主要是喜剧和悲剧。喜剧和悲剧有严格的界限。一般认为悲剧是崇高的，喜剧是平庸的。

崇高的悲剧

古希腊悲剧起源于祭祀酒神狄奥尼索斯的庆典活动。在古希腊漫长的演进过程中，这种原始的祭祀活动逐渐发展成一种有合唱歌队伴奏，有演员表演并依靠幕布、背景、面具等塑造环境的艺术样式，这就是西方戏剧的雏形。古希腊戏剧大都取材于神话、英雄传说和史诗，所以题材通常都很严肃。亚里士多德曾在《诗学》中专门探讨悲剧的含义。他认为悲剧的目的是要引起观众对剧中人物的怜悯和对变幻无常之命运的恐惧，由此使感情得到净化。悲剧中描写的冲突往往是难以调和的，具有宿命论色彩。悲剧中的主人公往往具有坚强不屈的性格和英雄气概，却总是在与命运抗争的过程中遭遇失败。这一时期成就最高的悲剧作家是埃斯库罗斯、索福克勒斯和欧里庇得斯。

埃斯库罗斯生于公元前525年，于公元前456年去世，是古希腊最伟大的悲剧作家，被称为“悲剧之父”。他对古希腊悲剧最大的贡献是在表演中引入了第二个演员，改变了过去古希腊戏剧中只有一个演员和歌队共同演出的传统模式，为戏剧情节的发展和戏剧道白的丰富多彩提供了可能和便利条件。埃斯库罗斯的作品共80部，其中只有7部传世，包括《俄瑞斯忒亚》三联剧（《阿迦门农》、《奠酒人》和《复仇女神》）、《乞援人》、《波斯人》、《七将攻忒拜》和《普罗米修斯》。埃斯库罗斯是整个古希腊戏剧的第一位大师，对整个西方戏剧艺术的发展产生了深远的影响。

索福克勒斯生于公元前496年，于公元前406年去世。他是雅典民主全盛时期的悲剧作家。他在27岁首次参加悲剧竞赛，战胜了埃斯库罗斯。阿里斯托芬称赞他“生前完满，身后无憾”。索福克勒斯一生共写过100余部戏剧，却只有7部传世，成就最高的是《安提戈涅》和《俄狄浦斯王》，其中《俄狄浦斯王》被认为是古希腊悲剧的典范。索福克勒斯的悲剧往往被称为“命运悲剧”，即通常表现个人意志行为与命运之间的冲突。

欧里庇得斯是雅典奴隶制民主国家危机时代的悲剧作

家。他一生从未参与过任何政治活动，而是醉心于哲学思考。他在自己的作品中提出了许多问题，包括神性与人性、战争与和平、民主、妇女问题等等。他一生共创作了80余部悲剧，有18部传世，其中最优秀的包括《美狄亚》、《特洛伊妇女》等。《美狄亚》被认为是古希腊最动人的悲剧之一，也是西方文学中第一次把妇女作为主要角色来塑造的作品。由于欧里庇得斯的戏剧风格和传统的悲剧风格不同，因此他生前并不出名，死后名声却很大。

三大悲剧家虽然生于一个大时代，但时代氛围与时代感受不同，因此，他们悲剧创作的侧重点也不相同。埃斯库罗斯的悲剧大都取材于神话传说，其结局揭示“命运”之必然，被人称为“命运悲剧”。索福克勒斯的悲剧虽然仍取材于神话传说，但对人的刻画已相当注重独特个性，故被人称为“性格悲剧”。欧里庇得斯的悲剧取材更为广泛，于神话外加进了许多现实内容，由于他的悲剧大都以爱情为重要推动力，且善于对人物性格、命运作奇异处理，所以称他的悲剧为“爱情传奇悲剧”。

《俄狄浦斯王》

古希腊的悲剧以最清醒的现实态度，把人的生存的悲剧性展示在我们面前，古希腊悲剧家们的悲剧意识，也启发着我们正确地看待艰难的人生，并在这艰难中开拓前进。从生存论角度看，古希腊的悲剧家们特别给我们展示了人的生存样态的自觉，人不再是盲目的任命运所随意摆弄的玩偶，而是更自由的人，是对于自己的行动和激情负有更大责任的人。从文化的角度看，古希腊的悲剧家们暴露了文化的困境，并以悲剧主人公的毁灭揭示了文化陈规的巨大力量，反过来它也为一种新的文化形式奠定了基础。随着悲剧主人公的毁灭，人们感受到新的文化价值的尊严，看到了新的文化的曙光，实现了悲剧的否定式超越。

古希腊悲剧主要不是写悲，而是在于表现崇高壮烈的英雄主义思想。根据亚里士多德的定义，古希腊悲剧“描写的是严肃的事件，是对有一定长度的动作的模仿；目的在于引起怜悯和恐惧，并导致这些情感的净化；主人公往往出乎意料地遭到不幸，从而酿成悲剧，因而悲剧的冲突成了人和命运的冲突”。

“平庸”的喜剧

古希腊喜剧起源于祭祀酒神的狂欢歌舞和民间滑稽戏。公元前487年，雅典正式确定在春季酒神节庆中增加喜剧竞赛项目。

喜剧所用的题材与悲剧大不相同。悲剧以古希腊神话传说中英勇悲壮的故事为题材，用最严肃的文学形式给观众一种崇高的悲壮美，借以提高人的气质，净化人的心境，进而解除观众日常生活中的苦闷；与此相对，喜剧则是以放荡酒神狄奥尼索斯祭祀为题材，用诙谐、戏谑、机智、揶揄、讽刺等大众化的通俗台词制造笑料，借以揭露社会的矛盾，启示人生的愚昧，暴露政治的黑暗，给观众一种超脱现实的轻松愉快之感。喜剧所反映的大都是现实生活，剧中的主人公不是神和王侯将相，而是些普普通通的人，所用语言虽仍是诗，但更接近日常用语，结构也较松弛。由于它有比较自由的创作内容，因而喜剧的创作方法也比悲剧更加自由。

喜剧一般由六个部分组成：一、序曲，这是叙述性的开场；二、合唱队入场，向观众致词，并发表剧作者的意见；

三、对驳场，两位剧中人就剧的主旨展开辩论，一位表示赞成，一位表示反对，第一位发言者总是失败者；四、评议场，所有角色都下场，合唱队长直接向观众讲话，所谈与剧情关系很小，随后是合唱；五、插曲，主要是合唱；六、终曲，它的显著特征是狂欢，结束时往往有放荡不羁的舞蹈。全剧的主题思想主要反映在对驳场。

喜剧在古希腊经历了一个发展变化的过程，后人将它分为三个阶段。

首先是旧喜剧阶段（公元前487～前404年）。这一阶段的喜剧大多是政治讽刺剧，对于政治、宗教、伦理道德、哲学及文学艺术等，都采取批判和讽刺的态度，代表作家有克拉提诺斯、阿里斯托芬和欧波利斯等。克拉提诺斯是最早的一位喜剧诗人，作品数量不详，现知名字的有二十七部。他在喜剧比赛中共获得过九次大奖。评论家说他的作品富于说服力，但有些过于苛刻，“像山洪急流一样，把挡道的房屋、树木和人冲垮”。欧波利斯是阿里斯托芬同时代喜剧家中最可称道的一位，他至少获得过四次大奖，首次获奖时年仅十七岁。他的作品“优雅”而“富有魅力”，深受当代希腊人的欢迎。令人遗憾的是克氏和欧氏均无完整的作品传至今日。

中喜剧是指旧喜剧和新喜剧之间的雅典喜剧。这是一个实验的时期，没有统一的艺术风格。喜剧很少批评政治，而把重点放在日常生活的现实上，从喜剧形式本身而言，这一阶段比以前有所发展：与剧情无关紧要的评议场不复存在，合唱队的作用明显下降，情节渐趋复杂化，服饰方面也有所改变。

到了希腊化时期，希腊喜剧进入了一个新的时期，即新喜剧阶段。新喜剧坚持了一种自旧喜剧末期发展出来的显著类型，在学习欧里庇得斯悲剧的基础上，形成了独特的风格。在这一阶段，合唱队不再起作用，夸张、怪诞的服饰被放弃，仅保留了面具，演员上场时多穿雅典人的日常服装。从题材方面看，过去常见的政治讽刺基本上不复存在，而代之以日常生活内容，以现实生活中形形色色的人物为主角，如走运的士兵、被拐的少女、成功的冒险家、食客、艺妓等，其中许多作品描述了富有浪漫主义色彩、充满惊险的爱情故事。新喜剧代表作家除米南德外，较著名的有狄菲洛斯和菲莱蒙等。

阿里斯托芬

谈及古希腊喜剧，不能不谈到阿里斯托芬，这不仅是因为传世的喜剧作品主要是阿里斯托芬一人的，而且（主要）是因为他在喜剧创作方面所取得的辉煌成就，以及他对后世的巨大影响。

阿里斯托芬于公元前446年生于雅典，大约在公元前385年去世，与他交往甚密的哲学家柏拉图曾为他写过这样一个墓志铭：美乐女神寻找一所不朽的宫殿，他们终于发现了阿里斯托芬的灵府。

他开始创作的时间很早，公元前427年，他以《宴会》一剧首次参加喜剧比赛，获得了二等奖。终其一生，他共写了四十四部喜剧，得过七次奖。二千四百年过去了，人们仍可欣赏到他的十一部各具特色的作品：《阿卡奈人》、《骑士》、《云》、《马蜂》、《和平》、《鸟》、《吕西斯特拉塔》、《地母节妇女》、《蛙》、《公民大会妇女》、《财神》。

《阿卡奈人》上演于公元前425年，是阿里斯托芬的成名之作，也是现存最早的希腊喜剧。它以公元前431年开始的伯罗奔尼撒战争为主题，通过一系列荒诞不经的闹剧，揭示了战争与和平这一重大主题。

《骑士》是阿里斯托芬的另一代表作，也是一部极尽嬉笑怒骂之能事的精美杰作。

阿里斯托芬自己最中意的作品是《云》。农人斯瑞西阿德斯有个儿子叫菲狄庇得斯。这个年轻人喜欢战车比赛，挥霍无度，令斯氏背上了沉重的债务。在无可奈何的情况下，斯氏便到苏格拉底的“思想所”去学习诡辩术，想用胡搅蛮缠的办法赖掉债务。苏格拉底接收他为徒，向他谈论自然界的哲学、“动力”、音步等，但斯氏年老健忘，什么也学不会。不过他并不灰心，又回家叫了年轻的儿子来求学。儿子不负所望，利用所学的诡辩术骂走了债主。斯氏高兴极了，就摆了丰盛的晚宴表示庆祝。乐极生悲，父子二人为了饮酒颂诗的问题发生了争执，儿子竟打了父亲一顿，还强词夺理说打得应当。斯氏在伤心的同时，感受到了诡辩派对年轻人的危害，便跑去烧毁了苏格拉底的“思想所”。令阿里斯托芬伤心的是，这样一部精心之作在喜剧比赛中败给了克拉提诺斯的《酒瓶》和另一位诗人的作品，仅仅获得三等奖。

在阿里斯托芬的作品中，《鸟》最为独特。《鸟》是现存唯一以神话幻想为题材的喜剧，是欧洲文学史上最早描写理想社会的作品。它想象力丰富，抒情气氛浓厚，在插科打诨方面达到了特有的高度。

一般说来，阿里斯托芬的各个作品结构都比较松散，安排也不是太精妙，但是，作者通过自己超凡的才能和饱满的精神，赋予各个荒诞不稽的情景以活力，使之变得可信，并进而抓住了观众的心。阿里斯托芬的作品，是俗与雅、轻松与严肃、丑与美的绝妙结合。古雅典人鉴于他在喜剧方面的卓越贡献，称之为“喜剧之父”。到了近代，他的喜剧作品再次产生广泛的影响，德国剧作家拉辛模仿他的《马蜂》写了《爱打官司的人》，歌德改编过他的《鸟》，其他如斯威夫特、海涅、菲尔丁等也受到他的很大影响。

第六章 科技之光

古希腊的数学家

代数学的鼻祖

希腊数学自毕达哥拉斯学派后，兴趣中心在几何，他们认为只有经过几何论证的命题才是可靠的。为了逻辑的严密性，代数也披上了几何的外衣。一切代数问题，甚至简单的一次方程的求解，也都纳入了几何的模式之中。直到丢番图，才把代数解放出来，摆脱了几何的羁绊。他认为代数方法比几何的演绎陈述更适宜解决问题，他在解题的过程中显示出的高度的独创性，在希腊数学中独树一帜。他被后人称为“代数学之父”。

丢番图的墓志铭

丢番图的《算术》是讲数论的，它讨论了一次、二次以及个别的三次方程，还有大量的不定方程。就引入未知数，创设未知数的符号，以及建立方程的思想这几方面来看，丢番图的《算术》完全算得上是代数。

丢番图的墓志铭与众不同，不是记叙文，而是一道数学题。墓志铭是这样写的：

这里是一座石碑，里面安葬着丢番图。

他的寿命有多长，下面这些文字可以告诉你。

他的童年占一生的1/6，接着1/12是少年时期，又过了1/7的时光，他找到了终生伴侣。

5年之后，婚姻之神赐给他一个儿子，

可是儿子命运不济，

只活到父亲寿数的一半，就匆匆离去。

这对他是一个沉重的打击，

后来4年，丢番图因为失去爱子而伤悲，

终于告别科学，离开了人世。

墓志铭可以用方程来解：

设丢番图活了x岁。

解：$x=1/6+1/12x+1/7x+5+1/2x+4$

$x=25/28x+9$

$3/28x=9$

$x=84$

由此可知丢番图活了84岁。

第二种解法：

$12\times7=84$

解答：既然“1/12”、“1/6”、“1/7”对应的年龄段必然是整数，那答案就是“12”、“6”、“7”中最大互质因子的乘积——“12×7=84”。

欧氏几何学的开创者

欧几里得是古希腊著名的数学家、欧氏几何学的开创者。欧几里得生于雅典，当他还是个十几岁的少年时，就迫不及待地想进入“柏拉图学园”学习。

一天，一群年轻人来到位于雅典城郊外林荫中的“柏拉图学园”。只见学园的大门紧闭着，门口挂着一块木牌，上面写着："不懂数学者，不得入内！"这是当年柏拉图亲自立下的规矩，为的是让学生们知道他对数学的重视，然而却把前来求教的年轻人给闹糊涂了。有人在想，正是因为我不懂数学，才要来这儿求教的，如果懂了，还来这儿做什么？正在人们面面相觑，不知是退是进的时候，欧几里得从人群中走了出来，只见他整了整衣冠，看了看那块牌子，然后果断地推开了学园大门，头也没有回地走了进去。

柏拉图声称："上帝就是几何学家。"这一观点不仅成为学园的主导思想，而且也为越来越多的希腊民众所接受。人们都逐渐地喜欢上了数学，欧几里得也不例外。他在入学园之后，便全身心地沉潜在数学王国里。他潜心求索，以继承柏拉图的学术为奋斗目标，翻阅和研究了柏拉图的所有著作和手稿，经过对柏拉图思想的深入探究，他得出结论：图形是神绘制的，所有一切抽象的逻辑规律都体现在图形之中。因此，对智慧的训练，就应该从看图形为主要研究对象的几何学开始。他开始沿着柏拉图当年走过的道路，把几何学的研究作为主要任务，最终取得了世人敬仰的成就。

几何学上的大成就

欧几里得通过早期对柏拉图数学思想，尤其是对几何学理论系统周详的研究，敏锐地察觉到了几何学理论的发展趋势。他下定决心，要在有生之年完成这一工作。为了完成这一重任，欧几里得不辞辛苦，长途跋涉，从爱琴海边的雅典古城，来到尼罗河流域的埃及新埠——亚历山大城，他要在这座新兴的文化蕴藏丰富的异域城市实现自己的初衷。在此地的无数个日日夜夜里，他一边收集以往的数学专著和手稿，向有关学者请教，一边试着著书立说，阐明自己对几何学的理解，哪怕是肤浅的理解。经过欧几里得忘我的劳动，终于在公元前300年写出了《几何原本》一书。这是一部传世之作，几何学正是有了它，不仅第一次实现了系统化、条理化，而且又孕育出一个全新的研究领域——欧几里得几何学，简称"欧氏几何学”。

《几何原本》全书共分13卷。书中包含了5条“公理”、5条“公设”、23个定义和467个命题。在每一卷内容当中，欧几里得都采用了与前人完全不同的叙述方式，即先提出公理、公设和定义，然后再由简到繁地证明它们。这使得全书的论述更加紧凑和明快。在整部书的内容安排上，也同样贯彻了他的这种独具匠心的安排。它由浅到深，从简至繁，先后论述了直边形、圆、比例论、相似形、数、立体几何以及穷竭法等内容。其中有关穷竭法的讨论，成为近代微积分思想的来源。仅仅从这些卷帙的内容安排上，我们就不难发现，这部书已经基本囊括了几何学从公元前7世纪的古埃及，一直到公元前4世纪——欧几里得生活时期——前后总共400多年的数学发展历史。

书中颇有代表性的是在第1卷到第4卷中，欧几里得对直边形和圆的论述。正是在这几卷中，他总结和发挥了前人的思维成果，巧妙地论证了毕达哥拉斯定理，也称“勾股定理”。即在一直角三角形中，斜边上的正方形的面积等于两条直角边上的两个正方形的面积之和。他的这一证明，从此确定了勾股定理的正确性并延续了2000多年。

阿基米德

公元前287年，阿基米德诞生于西西里岛的叙拉古。他出身贵族，与叙拉古的赫农王有亲戚关系，家庭十分富有。阿基米德的父亲是天文学家兼数学家，学识渊博，为人谦逊。阿基米德十一岁时，被送到古希腊文化中心亚历山大里亚城，跟随欧几里得的学生埃拉托塞和卡农学习。

他在学习期间对数学、力学和天文学有浓厚的兴趣。在他学习天文学时，发明了用水利推动的星球仪，并用它模拟太阳、行星和月亮的运行及表演日食和月食现象。为解决尼罗河水灌溉土地的难题，他发明了圆筒状的螺旋扬水器，后人称它为“阿基米德螺旋”。

公元前240年，阿基米德回到叙拉古，当了赫农王的顾问，帮助国王解决生产实践、军事技术和日常生活中的各种科学技术问题。

公元前212年，古罗马军队攻陷叙拉古，正在聚精会神研究科学问题的阿基米德，不幸被蛮横的罗马士兵杀死，终年七十五岁。阿基米德的遗体葬在西西里岛，墓碑上刻着一个圆柱内切球的图形，以纪念他在几何学上的卓越贡献。

阿基米德的贡献

阿基米德的数学成就在于他既继承和发扬了古希腊研究抽象数学的科学方法，又使数学的研究和实际应用联系了起来。

首先，阿基米德确定了抛物线弓形、螺线、圆形的面积以及椭球体、抛物面体等各种复杂几何体的表面积和体积的计算方法。在推演这些公式的过程中，他创立了“穷竭法”，类似于现代微积分中所说的逐步近似求极限的方法。其次，他是科学地研究圆周率的第一人。他提出用圆内接多边形与外切多边形边数增多、面积逐渐接近的方法求圆周率。他求出了圆周率大小范围为：$223/71<\pi<22/7$。再次，阿基米德还首创了记大数的方法，突破了当时用希腊字母计数不能超过一万的局限，并用它解决了许多数学难题。最后，著名的阿基米德公理，用现代数学语言表述，阿基米德原理指对于任何自然数（不包括0）a、b，如果a<b，则必有自然数n，使n×a>b.

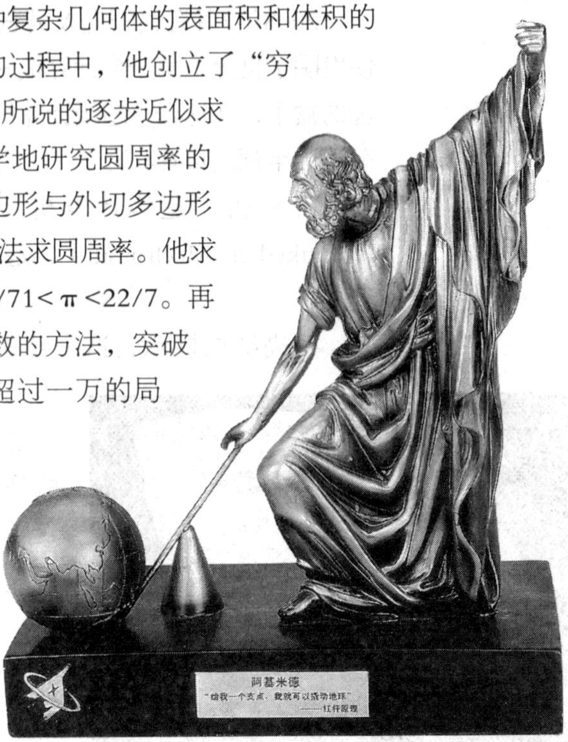

阿基米德

值得一提的是，阿基米德在力学方面的成绩也非常突出。他在总结了关于埃及人用杠杆抬起重物的经验的基础上，系统地研究了物体的重心和杠杆原理。他提出了精确地确定物体重心的方法，指出在物体的中心处支起来，就能使物体保持平衡；同时，他在研究机械的过程中，发现并系统证明了阿基米德原理（即杠杆定律），为静力学奠定了基础。此外，阿基米德利用这一原理设计制造了许多机械。他在研究浮体的过程中发现了浮力定律。

古希腊人制造计算机预测日月食

2008年7月有关研究人员表示，在2000多年前，古希腊人便发明了世界上第一台计算机——一个装有刻度盘、齿轮和嵌齿的盒子，在这台“超级计算机”的帮助下，古希腊人能够提前几十年预测日食和月食。

古希腊“超级计算机”名为“安提凯希拉装置”（Antikythera Mechanism），是100多年前在一艘罗马沉船上发现的。

扫描结果显示，这个装置最初被放置在一个矩形木框中，木框上有两扇门，上面注有使用说明。位于安提凯希拉装置前端的是一个单独的刻度盘，上面是古希腊人绘制的黄道十二宫图和一个古埃及日历。后面则是两个刻度盘，显示的是有关月球运动周期和月食的信息。整个装置靠一个手动曲柄驱动。

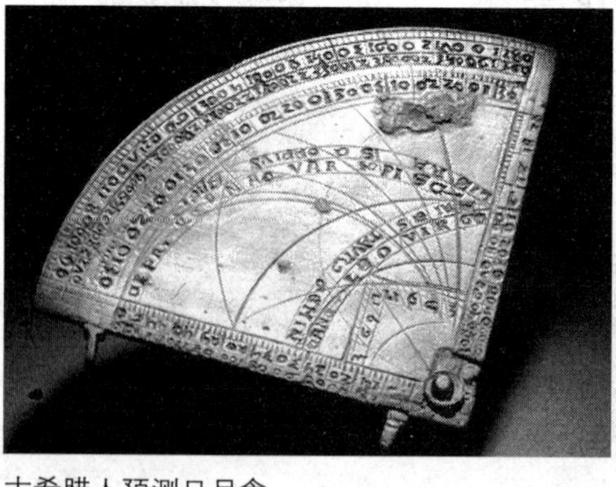

古希腊人预测日月食

迄今为止，考古学家已发现81

个碎片，它们构成了这台“超级计算机”所有30个青铜齿轮。据分析，安提凯希拉装置能够跟踪水星、金星、火星、木星和土星等当时已知的所有行星的运动，太阳的方位以及月球的方位和盈亏。在装置后面一个跨度19年的日历上，研究人员设法读取了所有月份的名字。

月份名字均是科林斯式，说明安提凯希拉装置可能是在位于希腊西北部或西西里的锡拉库扎的科林斯殖民地制造的。锡拉库扎是大名鼎鼎的数学家阿基米德的家乡。美国古代世界研究所的一位教授说：“很多人一定会将这个装置与伟大科学家阿基米德联系在一起，他生活在安提凯希拉，公元前212年去世。但这个装置最有可能是在他去世后很多年制造的，它应该与可能由阿基米德发明的一系列科学仪器有关，或者说在它们的基础上制造的。”

安提凯希拉装置记录了古巴比伦人几百年前发现的一些重要天文周期，以帮助预测日食和月食，其中就包括沙罗周期。沙罗周期的长度大约为18年，此时的月球、地球和太阳处于同一相对位置。

古希腊的农业

中国有句俗语叫民以食为天。和中国一样，古希腊的文明也是从农业开始的。农业在希腊人的生活中起着非常重要的作用。

依据社会经济发展情况，古希腊的农业可分为荷马时代（公元前11世纪～前9世纪）、城邦时代（公元前8世纪～前4世纪）及希腊化时代（公元前4世纪末～前1世纪）三个阶段。城邦时代又可分为兴起（公元前8世纪～前6世纪）、发展（公元前5世纪）及衰亡（公元前4世纪）三个时期。

荷马时代的农业

荷马时代的社会，氏族部落盛行，部落管理实行军事民主制。但随着生产力的发展及氏族内部分化的加剧，部落首领愈来愈拥有更大的权力。到荷马时代后期，部落的管理机构已开始向国家统治机关过渡。

荷马时代西亚的冶铜和冶铁技术已经传入希腊。这个时代希腊的农民使用的农具有犁、锄、铲和镰刀等，栽培的谷物有小麦、大麦等。种植谷物的土地每年需要耕翻2～3遍，为了恢复地力采用隔年休闲的二圃制。收割用镰摘穗，再以役畜践踏禾穗来脱粒，加工则用杵、臼等器物。此外还适当种植葡萄与牧草。畜牧业如马、牛、羊、猪等已由专人成群饲养，牲畜、皮革还和铜、铁一起充当物物交换的媒介。

随着生产力的发展，私有财产与阶级分化开始出现。遍布各地的农村公社把土地分成小份地，分配给各个家庭耕种。有权势的逐渐成为贵族，占有较多和较好的土地，从事经营田园和牧场。失掉份地和脱离公社的，则外出为佣工或沦为乞丐。氏族贵族有时雇工并使用奴隶，奴隶多是战俘。男奴放牧，女奴从事家务，当时用于农业和手工业的奴隶，还为数不多。

城邦时代的农业

城邦（即城市国家）是一个城市连同其周围的乡村区域组成的主权国家。最初是由原始公社演化而来的一种公民集体，后来逐渐发展成贵族政治，再演化成奴隶主民主政治。每个城邦的公民作为一个整体构成统治集团，与没有公民权的自由人和奴隶相对立。

这一时期农业是最主要的生产部门。当时氏族社会已经解体，随同土地与财富的兼并集聚，形成了奴隶社会。作为主要生产资料的土地，只有公民才有权占有，多数城邦中的大部分公民仍从事农业生产，这时希腊各地的农业有所发展。铁制的犁铧、锄、锹等农具得到推广普及，贫瘠多山的希腊土地得以成片开垦和深耕。谷物的种植面积虽进一步扩大，但因人口增加与土地不足，所产谷物仍不够需要，因而通过对外贸易，用葡萄酒、橄榄油及其他手工业品换取短缺的粮食。

随着希腊与外界接触增多而不断向外扩张，在西地中海及黑海沿岸各地，又建立了一批新的殖民城邦。这类城邦一般实行母邦的政治制度，但在政治上却不依附于母邦。贸易与殖民活动在这时较快开展。

城邦发展与衰落时期的农业

以雅典和斯巴达为代表的希腊城邦，公元前5世纪经历了繁荣时期，公元前4世纪起逐渐衰落。由于公民中贫富分化加剧，公民权与土地的关系日趋松弛，公民集体内部矛盾增加，公民兵制开始瓦解。

雅典在公元前7世纪前半叶完成了统一，面积为2550平方公里，人口在公元前5世纪时约为40万，其中自由民16.8万，奴隶20万，其余为外邦人。公元前6世纪初，随着工商业的发展，出现了新兴工商业奴隶主阶层，雅典成为以发展工商业与航海贸易为主的城邦。

公元前594年任执政官的梭伦进行改革，他改革的主要措施有：取消以土地为抵押的债务；禁止用人身为债务做担保；限制粮食出口与扩大橄榄油的输出，但没有满足农民重分土地的要求。之后又经过一系列改革，农民与小手工业者相对地保住了小生产者的地位与公民权，但工商业奴隶主在政治经济上得到了更多的好处。

公元前5世纪末，在雅典土地买卖开始流行，高利贷与金融业更加活跃，加上因粮食不足而不时出现的粮食危机，加剧了财产分配的不公及农民和手工业者的破产。

斯巴达地处拉科尼亚平原，是以重农抑商立国的城邦，城邦的形成约在公元前8世纪初，全体斯巴达人都是城邦的公民和统治者。土地由集体占有，再划分为约20公顷的份地分给各家，所分土地不准分割转让，只许传给后代。份地的耕种由希洛人（Helots，又译黑劳士）承担，被固定在土地上的希洛人，向斯巴达缴纳谷物及油、酒等，平均每7户要供养1户，以保证斯巴达人习武从军。

斯巴达不许贵金属及货币流通，也限制工商业的发展，这些措施在一定时期内虽然起到抑制阶级分化的作用，但随着生产力的提高及外界影响的加强，商品经济还是有所滋长。公元前400年通过法律允许转让份地，但丧失份地者的公民权则被剥夺，土地的兼并与买卖继而盛行，严重的社会危机也随之形成。

在城邦发展与衰落的这一阶段，希腊人耕种和开垦的土地虽然有所扩大，但农业生产技术没有相应的改进。从色诺芬的著作和赫西奥德的长诗，可以看到：犁的形制很少变化；谷物的收割还是用镰刀摘穗；脱粒依然是用牛来踩。生产技术虽然没有根本变革，但在细节上仍有提高，例如：已有用蔬菜与谷物的轮作代替休闲；在陡峭的山坡上修筑梯田；用沟渠引水来浇灌旱地；以掺土和换土的方法来改良土壤；使用硝石、草木灰及人畜粪尿来肥田等。

这一阶段农业经营管理总的情况是，中小土地所有者多亲自参加耕种，或使用为数不多的奴隶，农忙时也兼用雇工，大土地所有者则使用更多的奴隶。日常生产组织任务也多由奴隶中选出的管理来代管。另外也有为数不多的把土地出租，再来收取地租。

希腊化时代的农业

从公元前4世纪上半叶起，位于希腊北部与希腊人同族的马其顿人，开始形成奴隶制国家。公元前4世纪中叶国势渐盛。公元前338年马其顿在与希腊城邦的战役中取胜。

在马其顿统治下的多数希腊城邦，成为保有一定自治权力的自治单位。亚历山大大帝即位后，大举入侵东方，进入“希腊化时代”（Hellenismus，公元前334年～前30年），属于希腊化的东方各地农业都有所发展，但希腊本土的农业却日趋衰微，旧日的繁荣景象几乎绝迹。

公元前2世纪中期，整个希腊被并入罗马版图，奴隶制度依然存在，自然经济则不同程度地重又抬头，只有爱琴海诸岛的葡萄与橄榄的种和加工，得到较快的恢复与发展。

古希腊医学

蛇与权杖的故事

在古希腊传说中，蛇用于治病，针象征神医。“蛇缠手杖”——作为医学的标志和徽记，称之为“蛇徽”。

蛇与权杖的来源有两个不同的故事，第一个是由古希腊神话而来，蛇与权杖是为纪念阿斯克勒庇俄斯（Asclepius）这位伟大的神医。

阿斯克勒庇俄斯是太阳神阿波罗（Apollo）的儿子，他从一个半人兽那里学得医疗的技术，但众神之王宙斯（Zeus）担忧阿斯克勒庇俄斯渊博的医学知识会让所有人因此而长生不死，于是宙斯便以雷电将阿斯克勒庇俄斯击死。

之后人们将阿斯克勒庇俄斯奉为众神之一膜拜，并聚集在他的神殿内休息、睡觉，鉴于民众对阿斯克勒庇俄斯的信仰，宙斯最后只好让阿斯克勒庇俄斯复活并正式封为神。

由于阿斯克勒庇俄斯通常以站立的姿势出现在民众前面，且身穿长袍，手持一根权杖，权杖上有一条蛇缠绕而上，权杖就变成医学唯一的标志，权杖上的蛇是医学与健康的象征。其由来据说是有一次阿斯克勒庇俄斯遇到一位病情非常复杂的病人，令阿斯克勒庇俄斯无法医治，于是他向一条蛇咨询并寻求建议，在与蛇咨询讨论期间，为了能与蛇面对面讨论，并表示两者的地位相等，阿斯克勒庇俄斯请蛇缠绕在他的权杖上。

第二个从《圣经》上得来：传说摩西以青铜铸造一条蛇的形状并将它镶在一根柱子上，若有人被毒蛇咬到，只要到柱子下注视着青铜铸的蛇，就会马上获得痊愈。

蛇杖给人以威严的感觉，每次看到它令人都会肃然起敬。生命是神圣的，医学是庄严的。

听哲学家谈医学

古希腊医学起源于公元前12世纪，由于希腊人一直是一个开放的民族，随着向海外移民和发展贸易，古希腊医学汇集了许多民族和地区的医药知识和经验。

古希腊医学主要以意大利半岛东南部地中海沿岸为中心。当时希腊由较多个民族组成，希腊医学除吸收埃及、巴比伦和亚述的医学以外，还有小亚细亚西部的米诺亚（Minoa）民族的医学。

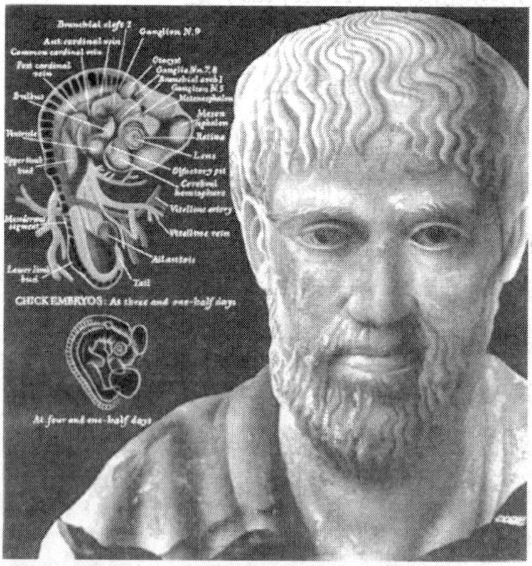

哲学家亚里士多德谈医学

大约到了公元前6世纪，希腊进入发达的奴隶制社会，哲学在希腊得到空前发展。人们力图从哲学角度说明宇宙的本质和来源。很多哲学家都是科学家，他们从事数学、天文学、地理学等学科的研究，不满意宇宙中的一切都是由神创造的观点，进而寻求比较科学的解释。譬如，毕达哥拉斯是古希腊的哲学家，同时也是一位医学家，他提出生命由四元素——土、气、水、火组成，这些元素的平衡就是健康。四元素论是古希腊医学发展的理论基础。比利图人泰勒斯（Thales，约公元前4世纪），认为世界的本源是水，依他的见解，水是一切物质的基础。

大多数希腊哲学家都谈到过——至少是附带地——医学理论。毕达哥拉斯派把他们的特殊信条也应用到医学理论上来。毕达哥拉斯派的阿尔克芒在了解埃及人知识的基础上解剖过人体。他这样做是为了研究人的生理构造，他发现了视觉神经联系耳朵和嘴的欧氏管，还认识到大脑是感觉和思维的器官。他的工作实际上为西方解剖生理学的传统开了先河。阿那克萨哥拉用动物进行实验，并且用解剖方法研究它们的构造。恩培多克勒认为血液流向心脏，并由心脏流出，健康有赖于人体中所谓四种元素的正确平衡。

西方世界的“医学之父”

古希腊最著名的医生是希波克拉底，他被西方尊为“医学之父”，欧洲医学奠基人，古希腊医师，西方医学奠基人。他的医学观点对以后西方医学的发展有巨大影响。

希波克拉底出生于小亚细亚科斯岛的一个医生世家，祖父、父亲都是医生，母亲是接生婆。在古希腊，医生的职业是父子相传的，所以希波克拉底从小就跟随父亲学医。父母去世后，他在希腊、小亚细亚、里海沿岸、北非等地一面游历，一面行医，从而增长了知识，接触了民间医学。

那时，古希腊医学受到宗教迷信的禁锢。巫师们只会用念咒文，施魔法，进行祈祷的办法为人治病。这自然是不会有什么疗效的，病人不仅被骗去大量钱财，而且往往因耽误病情而死去。

公元前430年，雅典发生了可怕的瘟疫，许多人突然发烧、呕吐、腹泻、抽筋，身上长满脓疮，皮肤严重溃烂。患病的人接二连三地死去。没过几日，雅典城中随处可见来不及掩埋的尸首。此时希腊北边马其顿王国的一位御医，冒着生命危

希波克拉底“医学之父”

险前往雅典救治。他一面调查疫情，一面探寻病因及解救方法。不久，他发现全城只有一种人没有染上瘟疫，那就是每天和火打交道的铁匠。他由此设想，或许火可以防疫，于是在全城各处燃起火堆来扑灭瘟疫，最终瘟疫停止了。他就是希波克拉底。

为了抵制“神赐疾病”的谬说，希波克拉底积极探索人的肌体特征和疾病的成因，提出了著名的“体液学说”。他认为复杂的人体是由血液、黏液、黄胆、黑胆这四种体液组成的，四种体液在人体内的比例不同，形成了人的不同气质：性情急躁、动作迅猛的胆汁质；性情活跃、动作灵敏的多血质；性情沉静、动作迟缓的黏液质；性情脆弱、动作迟钝的抑郁质。人所以会得病，就是由于四种液体不平衡造成的，而液体失调又是外界因素影响的结果。所以他认为一个医生进入某个城市首先要注意这个城市的方向、土壤、气候、风向、水源、饮食习惯、生活方式等等这些与人的健康和疾病有密切关系的自然环境。

现在看来，希波克拉底对人的气质的成因的解释并不正确，但他提出的气质类型的名称及划分，却一直沿用至今。希波克拉底指出的癫痫病的病因被现代医学认为是正确的，他提出的这个病名，也一直沿用至今。希波克拉底对骨折病人提出的治疗方法，合乎科学道理。为纪念他，后人把用于牵引和其他矫形操作的臼床称为“希波克拉底臼床”。那时，尸体解剖为宗教与习俗所禁止，希波克拉底勇敢地冲破禁令，秘密进行了人体解剖，获得了许多关于人体结构的知识。在他最著名的外科著作《头颅创伤》中，详细描绘了头颅损伤和裂缝等病例，提出了施行手术的方法。

在他的题为《箴言》的论文集中，辑录了许多关于医学和人生方面的至理名言，如“人生矩促，技艺长存”；“机遇诚难得，试验有风险，决断更可贵”；“暴食伤身”；“无故困倦是疾病的前兆”；“简陋而可口的饮食比精美但不可口的饮食更有益”；“寄希望于自然”等，这些经验之谈脍炙人口，至今仍给人以启示。

古希腊医学在世界医学发展中产生了深远影响，迄今，西医的标记仍然是蛇杖。希腊的四要素说和中国的五行、印度的三体液学说，都是人类对医学世界的最初的朴素认识。正是在这些理论的基础上，现代意义的医学逐渐发展起来了。

第七章　艺术的天堂

美丽的雕塑

雕塑的历史

对于希腊的雕塑，我们最熟悉的是“米罗岛的维纳斯”和“萨摩德拉克的胜利女神”。

胜利女神

这些雕像作为古希腊艺术的代表，名声远扬。但很少有人知道，古希腊艺术，尤其是人像艺术，早在距今八九千年以前就已经埋下了种子。

虽然几乎谈不上什么技巧，但是新石器时代（公元前7000～前4000年）的希腊先民已经开始在塑造自己的形象了，而且开始有艺术的感觉。他们往往只是用泥捏出大概的形状，但实际已经逐渐形成一种独特的风格。

进入铜器时代以后，在爱琴海中的基克拉迪群岛上，出现了一种类型化的创作风格，它们试图用图解的方式来表现人的形象。有意思的是，这种简单的表达方式，给20世纪以来的艺术家们提供了许多创作灵感。一直以来，人形的雕像主要被用于供奉和祭祀，人们用人像代替自己，为神祇服务，而且也开始塑造神像。最早的神像都是女性，人像也一样。

在公元前2～前1世纪间，艺术终于从希腊的土壤里生出了新芽。克里特文明（公元前3000～前1000年）和迈锡尼文明（公元前1550～前1100年）先后成为希腊发展的主流，希腊铜器时代文化在这一段时间达到了巅峰，艺术自然也得到相应的发展。但是，王权日盛，从社会的角度而言，艺术受到了约束。所以随着迈锡尼文明的衰退，古希腊的艺术开始回归原始的形式。但这并不是一次倒退，而是挣脱束缚的努力。

随后，希腊迎来了艺术上的“几何时期”（公元前10～前8世纪）与“古典时期”（公元前7～前6世纪）。前者以图解和线条来描绘生活和人本身，但并不是很好理解。发展到后者的时候则已经展开了对人体解剖学的探索，这实际上奠定了希腊雕刻艺术，甚至全部人像艺术的发展。在这个阶段，人或者神不再死气沉沉，而是充满动态。神庙的建筑更加宏伟，雕像则通常使用1：1的比例，甚至更大。

击退波斯人对为自由而战的希腊来说，不仅是一个简单的军事胜利，而且在艺术上也表现出了希腊强大的自信心和创造力，平衡和完美成为最大的追求，古典主义的发展得到巩固。在制作精美的大理石雕像的同时，陶器绘画也成为重要的艺术形式。来自马其顿的亚历山大大帝不但推动了历史的发展，也对艺术产生了影响。在他死后，社会进入了希腊化时期，整体艺术风格也从古典的沉静转向个性张扬、刚勇果毅。

公元前146年罗马人征服了希腊人，希腊从内部彼此间冲突不断，转而进入了统治者的“和平”时期。希腊的艺术继续发展，但已没有突破。这个时期艺术的主要内容之一就是不断模仿以往的重要作品。

女性在古希腊雕塑里的变化

从原始的形象塑造，到希腊的艺术创作陷于停顿，其间经历了几千年的时间。人像也好，神像也好，并不仅仅是一种创作，也是古代希腊人认识自己、认识社会的一种方式。

浩如烟海的古希腊文物告诉我们，在漫长的历史时期里，女性的角色和位置虽然发生了很大变化，但是她们在古希腊的文化和社会生活中占有非常重要的地位。

在考古发现的众多雕像中，女性形象占据着主导地位，且虽然普遍制作得非常粗糙，但是女性的性别特征被着意突出。这是因为女性有着繁衍后代的社会职能，所以当时的人们将她们与原始信仰中的大地之母或者丰产女神相联系，性别特征则作为生命的源头而加以强调。这种理念延续了几千年，对以后的希腊艺术和文化有着巨大的影响。

在青铜时代的早期，爱琴海中部的基克拉迪群岛形成了基克拉迪文明，其特征之一就是大理石的女性雕像系列。来自纳克索斯岛的一件“抱臂女像”可以向我们展示这些雕像的共同特点。它有着七弦竖琴形的头部，但是没有眼睛、耳朵和嘴，较长的鼻子呈半圆锥体形。身体没有太多细节，只有一些凹刻的线条可以区分双臂、双腿、脊椎等部位。基克拉迪文化的雕像仍然以反映女性为主，延续了新石器时代的传统。

克里特文明是希腊铜器时代的一个巅峰，在当时的克里特岛上，女性没有受到任何约束，她们穿戴着色彩调和、线条优美、格调雅致的服饰，与男人一起劳动、工作、游乐，几乎与现代女性别无二致。即使是最严肃的考古学家，也会将米诺斯王宫壁画上的一位女性命名为“巴黎女子”。她有着优美的发式，鼻子高耸，嘴唇性感，如果不是画在一个3000年前的古代宫殿里，那么她活脱脱是一个充满挑逗和诱惑的现代都市女子。

岛上的伊拉克利翁考古博物馆藏有一件“扬手女神像”，这是一件非常类型化的作品。女神的身体为圆柱形而且中空，用陶轮制作的下部是一条夸张的裙子。画在圆柱形上部的五道平行的细纹表示衣服的褶纹。腰部周围画着一条宽纹，表示收紧的带子。双乳裸露，周围的两个同心圆和双肩及双臂上的细红线表现了张开的胸衣。三角形的面部有过于突出的大鼻子，圆形双眼以及用一道切缝表示的薄嘴唇和鱼鳍一样的双耳。女神的扬手是一个宗教姿势，是女神对她的崇拜者表示祝福，也可能象征着敬神者在召唤神的出现。这件作品与“巴黎女子”形成了巨大的反差，但这种类型化和抽象化的作品数量增大正是克里特文明末期雕像制作的重要特征。

公元前11世纪，原有的克里特文明和迈锡尼文明陆续崩溃，希腊进入了一个动荡和贫困的时代，希腊文化受到东方文明的很大影响。到了公元前7世纪，与东方的接触推动了雕刻艺术在希腊的新发展，这一时期出现了最早的大型雕刻作品。这一时期的艺术被称为“代达罗斯风格”，其中的人物形象刻画理性而严谨。女神仍然是这一时期的主要艺术题材。帕罗斯岛的作坊大约在公元前680～前660年间制作出的一件“代达罗斯风格女像”是这种风格发展到后期比较成熟的作品。这可能是一位女神，她身穿装饰有钻石图案的长衣。她的秀发在脸部两侧呈三角形，每个发卷都用黑色曲线细细勾勒。六个彩色发卷覆盖在她的前额上，上面还扎着一条宽宽的发带。这个形象更多地在渲染一位高贵的女子，但她拘谨而刻板的表情可能反映着希腊女性在地位发生转变时的感受。

雕塑界的名人

古代希腊艺术的象征

古代希腊艺术可以用一个人的名字来象征，那就是菲狄亚斯。他是雅典著名的民主派执政官伯利克里托斯的战友和艺术总顾问，他的艺术创造体现了古典盛期的最高成就。

关于菲狄亚斯的生平，人们只知道他生于公元前5世纪初，公元前431年去世。菲狄亚斯曾经在希腊各地从事艺术创作活动，20来岁时就已蜚声艺坛。他一生最辉煌的业绩是在他的领导下重建了雅典卫城。

整个雅典卫城的建筑雕塑艺术，尤其是巴特农神庙上的装饰雕塑，体现了希腊古典盛期的雕塑成就，它标志着希腊古典雕塑的高峰。罗马帝国时期的希腊传记作家普鲁塔克说过："它们好像年年常春的神物，能够摆脱岁月的折磨；在它们的结构之中，似乎蕴藏着某种永生的活力和不死的精神！"

古代学者认为菲狄亚斯的艺术风格是姿态宁静而高贵，表情肃穆而温雅。对此，后人称为"神明的静穆"。菲狄亚斯塑造的奥林匹亚的宙斯之美不仅使传统的观念益增光辉，而且同神妙的自然也相宜不悖，这正是他崇高艺术的精华。菲狄亚斯胜过一切希腊雕刻家而为后代人怀念和赞美的，正是他身上体现的希腊艺术的精髓：忠实于自然，同时善于净化自然；模仿自然，同时又善于在模仿中驰骋想象力，表现理想。菲狄亚斯正是理想化的巨擘，在他的生前死后，古典风格的特性一直支配着希腊雕塑艺术。

阿戈斯派雕塑家

伯利克里托斯是与菲狄亚斯同时代的阿戈斯地方的雕塑家。他自成一派，故称他为阿戈斯派雕塑家。人们只知道他最擅长表现青年运动员的形象，所使用的材料都是青铜。

为了创造美，希腊人发现了比例，而发现人体比例的希腊人首先就是伯利克里托斯。他认为人体的比例要依靠"数"的关系。人体最理想的比例是头与全身的比例为1：7。伯利克里托斯对人体比例结构的探索，实际上是艺术发展到成熟阶段出现的一种程式化现象。他受哲学家毕达哥拉斯学派关于"美"体现在合理的或理想的数量关系之中的观点的影响，曾著有《法则》一书，专门论述人体比例。

体现伯利克里托斯理论的雕像是《持矛者》和《束发运动员》，这两位裸体青年男子雕像是完全依人体比例为7：1的法则创造的。他们体格壮健，肌肉发达，雕像还从力学上探索和解决了人体重心和各种动态之间的关系：人体的重心都落在右脚上，左脚因此获得了解放，为适应人体重心的平衡，人体各部分的动作与肌肉也随之作了相应的塑造，表现出力量的美。

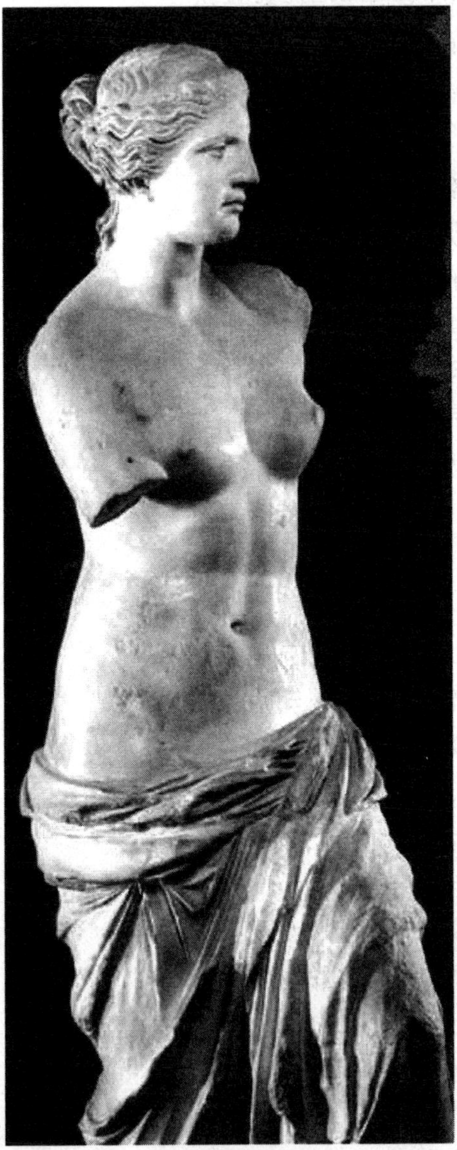
维纳斯

普拉克西特列斯

战争给希腊带来极大的破坏，国家再无财力兴建神庙和装饰。大型装饰雕刻逐渐减少，单独的圆雕开始增多；敬神的雕像少了，安慰人们不安心灵的和平女神、爱神、酒神多了。形象的神性也更少，更多地充满世俗性和人情味。以前那种崇高的英雄气概和雄健有力的艺术风格，逐渐被追求个性和温柔秀美的艺术风格所替代，雕塑的制作技巧更加完善成熟，形式美的创造受到雕刻家的重视。

这个时期最杰出的雕刻家是普拉克西特列斯、斯柯帕斯和利西普斯。人们只知道普拉克西特列斯是雅典人，早年跟随雅典雕塑家克菲索陀妥斯学习雕塑，承继了老师的艺术风格：男人体形女性化，以前裸体男子那种强壮的筋肉消失，人体变得修长、轻松和柔和，自上而下形成三个自然的转折（头、躯干和下肢），使整个身体构成S形的曲线变化，男性人体接近女性人体的曲线美。普拉克西特列斯充分发挥大理石质地细腻的特点，努力追求人体肌肉的细腻变化和美妙含蓄的线条，使整个人体具有女性肌肤的丰满圆浑的美感。这种艺术风格的代表作品是《赫尔美斯与奥尼索斯》，它对以后的希腊雕刻风格具有深远的影响。

人们在评论希腊雕刻时，往往把巴特农神庙的雕刻比作壮丽的史诗，而对普拉克西特列斯所雕的那些男女裸体雕像喻为迷人的抒情诗。在他所有迷人的作品中审美价值最高、最迷人的是维纳斯雕像。

在作品中看雕塑成就

《米罗岛维纳斯》

公元1820年春天，希腊米罗岛上的农民波托尼斯在耕作时发现一座维纳斯雕像，后为法国驻土耳其大使以8000银币购得，献给国王路易十八。国王将雕像转交罗浮宫保管直至今天。

一百多年来，她一直是世界上最负盛名的雕像。她的艺术魅力永恒无限：端庄的身材，丰艳的肌肤，典雅的面庞，娟美的笑容，微微扭转的站姿。这一切构成十分和谐而优美的体态。雕刻家罗丹在罗浮宫见到这尊雕像时，惊讶地叫道："神奇中的神奇！"她上身赤裸，起伏变化的玉肌似丘如谷，臂部富有肉感的曲线与腰际的浅涡令人消魂，这真实得似有体温的胴体散发出醉人的芳香，不失端庄典雅与崇高优美，整个形象给人以矜持而智慧的亲切感。

《米罗岛维纳斯》融合了希腊古典雕刻中的优美与崇高两种风格。它那阔大而简洁的手法，使人想起菲狄亚斯在巴特农神庙所创造的庄严、崇高的雕刻；它那端庄优美的身姿和容貌，又使人联想到普拉克西特列斯所创造的优美而抒情的人体美。她的体形符合希腊人关于美的理想与规范，身长比例接近利西普斯所追求的人体美标准，即头与身之比为1∶8。由于8为3加5之和，这就可以分割成1∶3∶5，这就是"黄金分割律"，这个比数成为后代艺术家创造人体美的准则。

《拉奥孔》

公元1506年1月4日，意大利人佛列底斯在罗马提图斯皇宫遗址的废墟上种植葡萄时，挖出一座群雕像，后为罗马教皇尤利乌斯二世购藏于梵蒂冈伯尔维多宫。教皇总建筑师桑加罗鉴定认为是提图斯皇宫杰出的藏品《拉奥孔》。这一群雕是由阿格山德罗、波利多罗斯和阿典诺多斯三位雕刻家于公元前50年左右完成的。群雕取材于希腊神话特洛伊战争的故事。

拉奥孔是特洛伊城阿波罗神庙的祭司。他在特洛伊战争中警告同胞千万不要中希腊人设下的木马计谋，因此得罪了希腊保护神雅典娜。雅典娜为了惩罚拉奥孔，立即派两条巨蟒从田奈多斯岛直奔特洛伊，首先咬死了拉奥孔的两个儿子，然后又缠绕着拉奥孔，用毒液浸透他的肉体。群雕表现的就是这一悲剧情景。

德国美学家莱辛曾从美学的高度专论过《拉奥孔》的美学价值。莱辛说拉奥孔的面孔所表现的痛苦并不如人们根据这种痛苦的强度而期待的那么激烈。在拉奥孔的形象上所体现的美学意义在于：在古希腊艺术家看来美是艺术家的最高法则，他们为了避免在表现痛苦时显示的丑态，有时往往完全回避激情或加以冲淡，为的是不影响美。莱辛认为，雕刻家要在既定的身体苦痛的情况下表现出最高度的美，身体极度苦痛情况下的扭曲变形同高度的美是不相容的，所以雕刻家不得不把身体的苦痛冲淡，把哀号化为轻微的叹息，因为哀号会使面孔扭曲变丑。希腊雕刻在形式表现上力求化丑为美，显示出“静穆的光辉”。

“裸体”的古希腊雕塑

在人类文明的发展史上，欧洲文化出现了四座高峰，第一就是古希腊与古罗马时代，这个时代的艺术，可以以希腊的雕塑为中心艺术。现代人在欣赏古希腊雕塑艺术的时候，或许会说：为什么有相当数量的雕塑眼睛没有眼球？为什么雕塑都没有表情？在当今社会裸体艺术还有诸多禁忌的时候，人们更会发问：为什么古希腊雕塑都是裸体的？裸体造型艺术何以如此普遍？

古往今来，大多数人认为古希腊人雕塑采取裸体的形式和当时战争的频繁与体育的盛行紧密相关。大约在3000年前，爱琴海一带出现了无数城邦，由于各个城邦都想占有其他城邦，因此当时的公民只有两个职责，就是公共事务和战争。为了培养懂政治、会打仗的公民，就出现了一种特殊的教育。著名哲学家柏拉图的《对话录》、丹纳的《艺术哲学》都说："那时战争全凭肉搏，因此每个士兵都得锻炼好身体，愈强壮愈矫健愈好。青年人大半时间都在练身场上角斗、跳跃、拳击、赛跑、掷铁饼，把赤露的肌肉练得又强壮又柔软，目的是要练成一个最结实、最轻灵、最健美的身体。"这便是希腊的特殊教育。战争带来了体育的盛行，希腊人的孩子从会走路开始，就要接受体育训练。那时的体育教师才是真正的健美专家，训练出了一大批体格健美的青年人，也培养了一大批合格的模特儿。当时的艺术家大多兼体育教师，如喜剧家阿里斯托芬等人。古希腊各个城邦每逢节日，都要举行体育竞赛，从中挑选出最有气力、身手最敏捷的青年。在当时运动会上，人们并不以裸体为耻，青年男女为了显示自己健美的体魄，常常把衣服脱光。斯巴达的女青年参加运动会，也常常是全裸的。古希腊历史学家普鲁塔克曾记述当时少女们裸体参加运动会的情景说："尽管少女们确乎是这样公开地赤身裸体，却绝感不到有什么不正当的地方，这一切的运动都充满嬉戏之情，并没有任何的春情或者淫荡。"一位美术史家阿尔巴托夫也说过："无论在希腊人之前或希腊之后，人们再也不能那样单纯无邪地去看待裸体了。"对于运动会上的优胜者，人们都报以雷鸣般的掌声，姑娘会向他献上鲜花桂冠，诗人为他作诗，雕塑家为他塑像。罗丹还说道："希腊人这种特有的风气产生了特殊的观念。在他们眼中，理想的人物不是善于思索的头脑或者说感觉敏锐的心灵，而是血统好、发育好、比例匀称、身手矫健、擅长各种运动的裸体。”基于这种思想，裸体雕塑自然成了当时的艺术主流。

世界驰名的学者美国伯恩斯教授、拉尔夫教授在其力作《世界文明史》中说：“希腊艺术所表达的是什么？总而言之，它是把人文主义象征化——即是把人视为宇宙中最重要的造物而加以赞美。尽管许多雕刻描绘神，但这一点也不减损人文主义的本质。希腊人的神是为着人的利益而存在，所以他赞美神也就是赞美自己。建筑和雕刻二者都是把平衡、和谐、秩序和中庸的思想具体化。”在他们看来，希腊的裸体艺术和他们的审美观念有关，表现人体的美术作品具有特殊的审美价值。希腊的人体雕塑主要是希腊现实生活的反映，可归咎于社会原因：军事海盗式争夺、相适应的体育运动裸体竞技、久而久之所形成的特殊审美观念。当审美观念一经形成，往往会逐渐离开了原来的实用目的，而具有相对独立的审美意义。于是，裸体雕塑就大量地出现了。

充满艺术气息的古希腊建筑

古希腊建筑是人类历史发展中的伟大成就之一，给人类留下了不朽的艺术经典之作。

总览古希腊建筑

古希腊现存的建筑物遗址主要有神殿、剧场、竞技场等公共建筑，其中尤以神殿为一个城邦的重要活动中心，它也最能代表那一时期建筑的风貌。

根据遗留下来的希腊建筑，我们可以归纳出古希腊建筑的几大特点。

第一，是平面构成为1：1.618或1：2的矩形，中央是厅堂，大殿，周围是柱子，可统称为环柱式建筑。这样的造型结构，使得古希腊建筑更具艺术感。因为在阳光的照耀下，各建筑产生出丰富的光影效果和虚实变化，与其他封闭的建筑相比，阳光的照耀消除了封闭墙面的沉闷之感，加强了希腊建筑的雕刻艺术的特色。

第二，柱式的定型。共有四种柱式：陶立克柱式、爱奥尼克柱式、科林斯式柱式、女郎雕像柱式。这四种柱式是在人们的摸索中慢慢形成的，后面的柱式总与前面柱式之间有一定的联系，有一定的进步意义。而贯穿四种柱式的则是永远不变的人体美与数的和谐。柱式的发展对古希腊建筑的结构起了决定性的作用，并且对后来的古罗马、欧洲的建筑风格产生了重大的影响。

第三，建筑的双面披坡屋顶形成了建筑前后的山花墙装饰的特定的手法。古希腊建筑中有圆雕、高浮雕、浅浮雕等装饰手法，创造了独特的装饰艺术。

第四，由平民进步的艺术趣味而产生的崇尚人体美与数的和谐。古希腊人崇尚人体美，无论是雕刻作品还是建筑，他们都认为人体的比例是最完美的。大建筑师维特鲁威转述古希腊人的理论："建筑物……必须按照人体各部分的式样制定严格比例。"所以，古希腊建筑的比例与规范，其柱式的外在形体的风格完全一致，都以人为尺度，以人体美为其风格的根本依据，它们的造型可以说是人的风度、形态、容颜、举止美的艺术显现，而它

古希腊建筑

们的比例与规范，则可以说是人体比例、结构规律的形象体现。所以，这些柱式都具有一种生气盎然的崇高美。

第五，建筑与装饰均雕刻化。希腊的建筑与希腊雕刻是紧紧结合在一起的。可以说，希腊建筑就是用石材雕刻出来的艺术品。从爱奥尼克柱式柱头上的旋涡，科林斯式柱式柱头上的花篮，到女郎雕像柱式上神态自如的少女，各神庙山墙檐口上的浮雕，都是精美的雕刻艺术。雕刻是古希腊建筑的一个重要的组成部分，是雕刻创造了完美的古希腊建筑艺术，也正是因为雕刻，使希腊建筑显得更加神秘、高贵、完美和谐。

第六，具有和谐、单纯、庄重和布局清晰的风格。神庙建筑则是这些风格特点的集中体现者。

古希腊建筑通过它自身的尺度感、体量感、材料的质感、造型色彩以及建筑自身所载的绘画及雕刻艺术给人以强烈的震撼，可以说，古希腊的建筑艺术，是欧洲建筑艺术的源泉与宝库。

雅典卫城

雅典卫城是希腊古典建筑的代表作，风格优雅和谐，充满朝气，犹如一首沁人心脾的乐曲，给人以美的享受。相传希腊古时候，智慧女神雅典娜与海神波塞冬为争夺雅典的保护神地位，相持不下。后来，主神宙斯决定：谁能给人类一件有用的东西，城就归谁。海神波塞冬赐给人类一匹象征战争的壮马，而智慧女神雅典娜献给人类一棵枝叶繁茂、果实累累、象征和平的油橄榄树。人们渴望和平，不要战争，结果这座城归了女神雅典娜。从此，她成了雅典的保护神，雅典因之得名。人们就把雅典视为“酷爱和平之城”。

公元前500年，希腊和波斯为争夺海上霸权而爆发了长达50年的战争，最后希腊取胜。为了纪念战争的胜利，自由民（平民）和奴隶们花了40多年时间建造了雅典卫城，献给雅典的守护神雅典娜。

卫城建造在雅典城内的一座小山岗上，四周是乱石砌的围墙，东西长约280米，南北最宽处约130米，呈橄榄形。这里地势险要，山岗70～80米高的地方有一个天然的大平台。如果把卫城看作一个整体，那山岗本身就是它的天然基座，而建筑群的结构以至多个局部的安排都与这基座自然的高低起伏相协调，构成完整的统一体。它被认为是希腊民族精神和审美理想的完美体现。卫城的古迹中，著名的有山门、帕提农神庙、厄瑞克提翁神庙和雅典娜胜利女神庙。它们相互各成一定角度，创造出变化极为丰富的景观和透视效果。

古希腊剧场

古希腊剧场起源很早，基本造型是观众席逐排升高，呈半圆形，并有放射形的通道。表演区是位于剧场中心一块圆形平地，后面有化妆及存放道具用的建筑物。

露天剧场埃皮道罗斯剧场是希腊古典后期建筑艺术的最大成就之一。

另外，位于雅典卫城南侧的狄奥尼索斯剧场是最古老的露天剧场，建于公元前6世纪。两个半圆形的剧场由门廊相连，充分体现了古希腊人对艺术的热爱。在这足以容纳17000人的剧场里曾经上演过无数场埃斯库罗斯、索福克勒斯和欧里庇得斯的悲剧作品及阿里斯托芬的喜剧作品。

列雪格拉得音乐纪念亭

列雪格拉得音乐纪念亭建筑是古希腊供陈列体育或歌唱比赛所获奖品的独立的纪念性建筑物，因此也称为“雅典得奖纪念碑”。这座亭是公元前335～前334年间，雅典富商列雪格拉得为了纪念由他扶植起来的合唱队在酒神节比赛中获得胜利而建的。亭子基部是2.9米见方、高4.77米的基座；基座上立着高6.5米的实心圆形亭子；亭子四周有6根科林斯式倚柱；顶部是由一块完整大理石雕成的圆穹顶，安放奖品；檐壁有浮雕，刻着酒神狄奥尼索斯（巴库斯）海上遇盗，把海盗变成海豚的故事。亭子的构图特色体现了一个法则，即基座和亭子各

古希腊剧场

有完整的台和檐部，各部分形成对比：基座的简洁厚重与亭子的华丽轻巧形成的对比产生稳定与优美感。

古希腊建筑的巅峰

帕提农神庙是古希腊最著名的建筑，是举世闻名的世界七大奇迹之一。它建于古希腊最繁荣的古典时期，以无与伦比的美丽和谐、典雅精致和匀称优美，表现了古希腊高度的建筑成就和艺术神韵，达到了古典艺术的巅峰，被世人公推为“不可企及的典范”。一位对希腊文明颇有研究的学者曾对这座神庙赞美道：“在人类的建筑史上，能在这么短期内就完成如此壮丽神殿的例子，恐怕再也找不到了！”

帕提农神庙坐落在希腊首都雅典的阿卡提半岛上，它建于公元前447~前438年，是雅典卫城建筑群中最具代表性的建筑。

“帕提农”在古希腊语中是“处女宫”的意思。因为它祀奉的雅典娜女神是处女，所以又称为“雅典娜处女庙”。

这座神庙自建成以来，历经了两千多年的沧桑变化。在公元426年，希腊城邦衰亡后，神庙被改作基督教堂。到了土耳其统治时期，它又变成了伊斯兰的清真寺。一直到17世纪中叶，帕提农神庙还保存得相当完整，但在1687年，当土耳其和威尼斯交战时，威尼斯人的一颗炮弹打进了被土耳其人充作火药库的神庙内，把庙顶和殿墙全部炸塌了，神庙毁于一旦。19

世纪初，英国驻君士坦丁堡的大使埃尔金竟雇用工匠，把神庙内雕刻着雅典娜功业的巨型大理石浮雕劫走。神庙里供奉的一尊雅典娜女神雕像，在公元146年被东罗马帝国的皇帝掳走，在海上失落，不知所踪。

虽然帕提农神庙现在只剩下一片断壁残垣，但从神庙巍然屹立的柱廊中，依然鲜活地传达着高贵典雅、简约庄严的美感，人们仍然可以深切地感受到神庙当年的风貌。

帕提农神庙建在一个长为96.54米，宽为30.9米的基面上，下面是三级台阶，庙宇东西长70米，南北宽31米，四面是由雄伟挺拔的多利克式列柱组成的围廊。神庙正面打破了以往使用6根圆柱的惯例，用了8根石柱，两侧各为17根列柱，每柱高10.43米，柱底直径1.90米，由11块鼓形大理石垒成。柱子比例匀称，刚劲雄健，又隐含着妩媚与秀丽。雅典人以惊人的精细和敏锐对待这座神庙：柱子直径由1.9米向上递减至1.3米，中部微微鼓出，柔韧有力而绝无僵滞之感。所有列柱并不是绝对垂直，都向建筑平面中心微微倾斜，使建筑感觉更加稳定。有人做过测量，说这些柱子的向上延长线将在上空2.4公里处相交于一点。列柱的间距也不是完全一致，间距在逐渐减小，角柱稍微加粗，使因在天空背景上显得较暗因而似乎较细的角柱获得视觉上的纠正。所有水平线条如台基线、檐口线都向上微微拱起，山面凸起60毫米，长面凸起110毫米，以校正真正水平时中部反觉下坠的感觉。这样，几乎每块石头的形状都会有一些差别，正好矫正了视觉上的误差。

神庙的檐部较薄，柱间净空较宽，柱头简洁有力，洗练明快。围廊内上部一圈刻着祭祀庆典行列，屋顶是两坡顶，顶的东西两端形成三角形的山墙，上面有精美的浮雕。这种格式成为古典建筑风格的基本形式。庙墙上端的石柱之间用92块大理石浮雕板装饰而成，全长152米，宽0.9米，环绕神殿周围的浮雕板，刻画了半人半马的萨提儿与拉匹斯人的战争。神庙的饰带浮雕，记载了每四年一度的为女神雅典娜奉献新衣的盛大的宗教庆典中的游行队伍：长长的马队疾驰向前，矫健的骏马、健美的青年都生气盎然，充满着节日的喜悦。这些浮雕精美细腻、栩栩如生，仿佛能让人感受到当年雅典卫城节日的兴奋，能聆听到游行队伍的马蹄声和喧闹声，看到众神在奥林匹斯山上俯瞰雅典，接受雅典人的感恩祭祀的情景。这些浮雕曾经涂着金、蓝和红色，铜门镀金，瓦当、柱头和整个檐部也都曾有过浓重的颜色，在阳光照耀着的白色大理石衬托下，鲜丽明快。

神殿的内部分成两个大厅，正厅又叫东厅，厅内原本供奉着著名雕刻大师菲狄亚斯雕刻的雅典娜神像。据载，雅典娜女神身穿战服，高达12米，象牙雕刻的脸孔柔和细致，手脚、臂膀细腻逼真，宝石镶嵌的眼睛炯炯发亮。她戴着黄金制造的头盔，盔上正中央是狮身人面的斯芬克斯，两边是狮身鹫嘴有翅的格里芬。胸前的护心镜上装饰着蛇发女妖美杜莎的头。长矛倚在肩上，刻着希腊人与亚马逊人之战的盾牌放在一边，右手托着一个黄金和象牙雕制的胜利女神像，英姿飒爽、威风凛凛。西门内是附殿，贮存财宝和档案。

整个庙宇最突出的是它整体上的和谐统一和细节上的完美精致。神庙的建筑建立在严格的比例关系上，尺度合宜，比例匀称，反映了古希腊文化中数学和理性的审美观，以及对和

命运三女神

谐的形式美的崇尚。整个结构中，几乎没有一根直线，每个布局表面都是弯曲的或锥形的，或隆起的，这使人们在观察它的外形时，不会因直线产生错觉而影响对和谐与完美的感受。

20世纪著名的建筑大师柯布西耶在游历过帕提农神庙后，也叹为观止。他是这样描述的："它有可怕的超自然力量，使得方圆数里范围内的一切，均为之碎裂。"

帕提农神庙反映出希腊空前高涨的民族凝聚力，贯穿着崇高庄严的美和英雄主义的勃发的激情，是世界建筑史上的不朽之作，也是世界艺术宝库中的瑰丽珍品。

古希腊的园林

古希腊园林属于建筑整体的一部分，因此建筑是几何形空间，园林布局也采用规则式以求得与建筑的协调。同时，由于数学、美学的发展，也强调均衡稳定的规则式园林。近代欧洲的体育公园、校园、寺庙园林寺都残留有古希腊园林的痕迹。

古希腊园林由于受到特殊的自然植被条件和人文因素的影响，出现许多艺术风格的园林，可划分为庭园园林、圣林、公共园林和学术园林等四种类型。

庭园园林

古希腊时代，贵族们的目光关注着海外的黄金和奇珍异物，对国内的政治权力不甚关心。与此同时，平民甚至奴隶都可以议论朝政，管理国家大事，他们通过个人奋斗可以跻身贵族行列。因此，古希腊没有东方那种等级森严的大型宫苑，王宫与贵族庭园也无显著差别，故统称庭园园林。

荷马史诗曾经描述了阿尔卡诺俄斯王宫富丽的景象：宫殿的围墙用整块的青铜铸成，上边有天蓝色的挑檐，柱子饰以白银，门为青铜，门环是黄金制作的；宫殿之后为花园，周围绿篱环绕，下方是整齐的菜圃；园内有两座喷泉，一座喷出的水流入水渠，用以灌溉，另一座流出宫殿入水池，供市民饮用。虽然荷马史诗出自神话，我们不能完全相信，但至少可以认为古希腊早期庭园具有一定程度的装饰性、观赏性、娱乐性和实用性。据记载，园内植物有油橄榄、苹果、梨、无花果和石榴等果树，还有月桂、桃金娘、牡荆等观赏花木。

公元前5世纪希波战争之后，古希腊国高度繁荣，大兴园囿之风，昔日实用、观赏兼具的庭园也开始向纯粹观赏游乐型庭园转化。园林观赏花木逐渐流行，常见有蔷薇、三色槿、荷兰芹、罂粟、百合、蕃红花、风信子等，还有一些芳香植物也为人喜爱。这一时期的庭园采用四合院式布局，一面为厅，两边为住房，厅前及另一侧常设柱廊，当中则是中庭。以后逐渐演变成四面环绕列柱廊的庭院，被称为中庭式庭园或柱廊园。中庭是家庭生活起居的中心。中庭内是铺装的地面，里面有漂亮的雕塑、华美的瓶饰和大理石喷泉等，还种植着各种美丽的花卉。

圣林

古希腊庙宇的周围种植着大片树林，它不仅使神庙增添了神圣与神秘之感，也被当作宗教礼拜的主要对象。古希腊人对树木怀有神圣的崇敬心理，相信有主管林木的森林之神，因而把庙宇及其周围的森林统称圣林。最初，圣林内不种果树，只栽植庭阴树，如棕榈、槲树、悬铃木等，后来才以果树装饰神庙。在荷马史诗中也描写过许多圣林，而当时的圣林是把树木作为绿篱围在祭坛的四周，以后发展为苍茫一片的神苍景观。如奥林匹亚祭祀场的阿波罗神殿周围有长达60～100米宽的空地，据考证就是圣林遗址。

在奥林匹亚的宙斯神庙旁的圣林中还设置了小型祭坛、雕像、瓶饰和瓮等，被称为“青铜、大理石雕塑的圣林”。因而，圣林既是祭祀神灵的场所，又是人们休闲娱乐的园林。

公共园林

公共园林是指由体育运动场增加建筑设施和绿化而发展起来的园林。最早的体育场只是用来进行体育训练的一片空地，其中连一棵树也没有。后来一位名叫西蒙的人在体育场内种上了洋梧桐树来遮阴，供运动员休息，从此，便有更多的人们来这里观赏比赛、散步、集会，直到发展成公共园林。

雅典、斯巴达、科林斯诸城的体育场不仅规模宏大，而且占据了水源丰富的风景名胜之地。如帕加蒙城的季纳西姆体育场规模最大，它建筑在山坡上，分为三个台层，层高差12～14米，有高大的挡土墙，墙壁上有供奉神像的神龛。上层台地为中庭式庭园（柱廊园），中层台地为庭园，下层台地是游泳池。周围有大片森林，林中放置众多神像及其他雕塑、瓶饰。

学术园林

古希腊的文人喜欢在优美的公园里聚众讲学，如公元前390年柏拉图在雅典城内的阿卡德莫斯公园开设学堂，发表演说。阿波罗神庙周围的园地，也成为演说家李库尔格的讲坛。公元前330年，亚里士多德也常去阿波罗神庙聚众讲学。

此后，为了讲学方便，文人们又开辟了自己的学园。园内有供散步的林荫道，种有悬铃木、齐墩果、榆树等，还有爬满藤本植物的凉亭。学园里设有神殿、祭坛、雕像和座椅以及杰出公民的纪念碑和雕像等。如哲学家伊壁鸠鲁的学园占地面积较大，被认为是第一个把田园风光带进城市的人。再如哲学家提奥弗拉斯特，也曾拥有一座建筑与庭园合成一体的学术园林。

独具一格的古希腊瓶画

古希腊瓶画内容丰富，多为神话故事和英雄传说。神话故事画，是神话学的形象资料，反映生活面很广，诸如战争、狩猎、生产、家庭、娱乐、体育等等。它们戏剧性很强，生活气息很浓，富有人情味，生动有趣、优美典雅，表现出希腊人乐观自信的精神风貌。

与世界各国古代工艺美术品上大多是装饰的纹样（图案）迥然不同，古希腊瓶画上人物故事画在世界工艺美术史上独树一帜，别具一格，这主要是因为古希腊社会人本主义、民主主义思想盛行，形成了全民族的共识和传统。

以人为本的思想决定了古希腊文学，诸如神话、史诗、戏剧等歌颂人性，追求人文主义、人道主义、民主政治、和谐社会等。这些希腊文学图书中都有大量人物故事画插图，它们在古希腊社会上广泛流行，因此成为希腊陶器上人物故事画的一大来源。

瓶画的艺术样式

希腊的陶瓶艺术在美术史上占有重要地位。这倒不是陶瓶材料的特殊，而是陶瓶画争得的荣誉。公元前六世纪中叶以后，雅典陶瓶曾垄断了国外市场。它那匀称和谐的比例，精致的工艺，生动的造型，写实的手法，追求理想化的风格，饱满的构图，富于戏剧性的情节，散发出浓郁的高贵美感。

希腊陶器上人物故事画

希腊瓶画多用黑、红两种颜色。早期以红色做底，绘以黑色形象，称为“黑花式”；公元前五世纪出现以黑为底，形象用浅红色描绘，名为“红花式”。刻画人物或动物均以线造型，其准确程度令人吃惊。进入古典时期（约公元前480—前323年），还出现了一种白底彩绘瓶画，绰号

“阿喀琉斯画家”的作品代表了这种瓶画的风貌。

从黑绘到红绘，再到白底彩绘，反映出古希腊画家的追求，其中的发展变化，充分体现着他们把绘画看成是一面镜子，要复现自然的形态，使观画者注视画出来的图像时，觉得跟真实的事物和景象相似。这种模仿自然，再现对象的态度和方式，成为古希腊美术的基本特点之一，对此后欧洲及西方绘画的发展，产生了极其深远的影响。

古希腊音乐

古希腊音乐就如同一段美丽的神话，其影响不在于具体乐曲的流传，而在于刺激了后世音乐的繁荣。古希腊人对音乐的组成已有相当详细与正确的记载，他们知道如何测定音高、划分音阶、制定调式。现代人研究中世纪音乐及教会初期音乐皆离不开希腊音乐，甚至歌剧的构想与产生，也导源于希腊的戏剧。

希腊音乐的起源笼罩着一层神秘的色彩。传说中阿波罗神主管音乐，下辖九位缪斯女神，因此音乐也称为music或musik。在希腊神话中，有不少跟音乐有关的故事，尤其是阿波罗与缪斯女神利俄珀所生的儿子——奥菲斯入冥界以琴声救妻的故事最为人们传颂。

奥菲斯继承了父母的音乐才华，弹得一手出神入化的七弦琴，连山川鸟兽都动容不已，就连天上诸神也为之神魂颠倒。爱神的箭射中水神尤里蒂思，他们俩在撒满鲜花的大草原上，由天地证婚结为连理。然而新婚不久，他的妻子不幸被毒蛇咬死，此后他终日抱着七弦琴在河边唱着悲伤凄凉的情歌，连凶猛的狮子、老虎都为此垂泪饮泣。

森林女神们被他的诚心感动，便指示奥菲斯到冥府去请求冥

古希腊音乐

王哈得斯让爱妻重生。他弹奏着凄美的音乐进入冥府，最后感动了冥王。哈得斯答应奥菲斯带着妻子尤里蒂思返回人间，但有个条件：在抵达凡间前，奥菲斯不准回头看妻子一眼。但是好奇的奥菲斯在途中忍不住回头看了妻子一眼，刹那间尤里蒂思便消失在黑暗之中。伤心欲绝的奥菲斯每天弹着哀怨的音乐，后来被酒神迪诺索斯的女祭司杀死。天神宙斯佩服奥菲斯始终如一的爱情，就把他的竖琴放到天上化作星座，就是天琴星座。

音乐在古希腊人的理念里

古希腊人相信，音乐具有神秘的力量。音乐与宗教仪式有莫大的关系，音乐的创作，并非为求悦耳，而是神圣不可侵犯的事。一般而言，古希腊人只会把音乐应用于舞会及祀典。早期的音乐与诗歌、戏剧有密切的关系，所有的音乐都是声乐，而乐器只是被用来伴奏。

在文献方面，古希腊有两类著作留传下来。第一类是音乐基础理论，始创自毕达哥拉斯，他认为音乐与数学有不可分割的关系，因而发展出和声的概念和根据，对中世纪的西方音乐有很大的影响。

第二类是对音乐的哲学理念，主要是柏拉图和亚里士多德的理论。柏拉图提出“天体音乐”意念，认为宇宙间天体的转动发出的音乐，影响了中世纪的音乐作者，甚至较后期的莎士比亚。

他们认为音乐对教育有着十分重要的影响，是不可或缺的要素，能教化人，特别是德育和涵养方面。根据他们的理论，音乐有内在的力量、特质，而每首歌都有个别不同的特质，能在人的心灵里激发起某种特别的情感。因此，音乐本身直接与心灵活动相关，一定系列的声音可以产生一定的情感。所以，作曲者为了达到预期的目的，就会使用不同的音乐特质，例如调式、乐器、节奏等。

古希腊音乐的特点

古希腊音乐在许多方面都有着重大的成就。公元前6世纪，古希腊大哲学家和数学家毕达哥拉斯用一种称为弦琴的单弦乐器，首先解释出纯律理论，根据弦的长度计算出了当时所使用的一切音程。毕达哥拉斯音律的发明与应用是音乐理论方面的重大突破。其次古希腊人还发明了字母记谱法。

古希腊音乐不但有器乐伴奏的独唱抒情曲，而且还有戏剧音乐和舞蹈音乐等形式。这些音乐一般都是以单音音乐为主，在内容上大多为宗教题材。古希腊的唱名体系与我们现代的唱名体系稍有差异。

古希腊音乐的特色之一是只有单声部，而且所有理论都是基于一套精密的数学系统——毕氏比数。和弦和我们今天所认识的三和弦、七和弦有点不同，四音一组，每音相隔完全四度，称为“四和弦”。

四和弦可以排列成相连次序或不相连次序。所谓相连次序，简单点说，就是两个四和弦，较低位置的四和弦的最高音变成较高位置的四和弦的最低音。不相连次序，和相连次序差不多，较低位置的四和弦的最高与较高位置的四和弦的最低排列相差二度。

虽然古希腊流传下来的音乐作品很少，但是丰富的文字记述和雕刻向人们描绘了古希腊音乐文化的风貌。在漫长的西方音乐历史中，古希腊音乐文化精神不断地影响和启发着后世的人们。

第八章　祭祀

为何祭祀英雄

与古罗马人相比较，古希腊人并不十分注重祖先崇拜，可是，他们却发展出带有自身特点的英雄崇拜。祖先崇拜往往是某一个家庭的事，而希腊人把一些重要的死者——英雄看作整个民族的公共祖先。

他们不仅把历史上一些重要的个人当作崇拜的英雄，甚至连一些神话中的人物和古老的神祇，如赫拉克勒斯、佩洛普斯，都被树为全民族崇拜的英雄偶像。跟法力无边的神祇相比较，英雄们全都打上地区作用的烙印，这跟埋葬他们尸体的坟墓所在地有着直接的关系。地区的局限性使得英雄们比起神祇来距离人们想象中的概念更接近、更亲切。在波斯战争时期，希腊的英雄崇拜达到了它的顶峰时期。希腊人相信，他们取得战胜波斯人的辉煌成果，除了应该感谢众多的神祇以外，还应该感谢保佑地方的诸位英雄。

感谢神祇和感谢英雄的办法就是向他们祭供牺牲。祭供牺牲是与祷告相连的一种宗教活动。所谓祭供即是端出供品，借以稳定和神祇间的关系，取得神祇的恩宠。人们出于某种特别的愿望，往往摆出祭品的同时呼唤有关的神祇名称。希腊人甚至相信可以通过大宗的祭供买得神祇的恩惠，他们感到祭供愈大，愈会受到神祇的宠爱。这里倒是活生生地反映了当时的社会心理和弊端。

古希腊人的祭祀活动

祭供的形式一般分两种：血腥祭供和非血腥祭供。这两类祭供方式都是十分流行的，无论是私宅个人还是公众团体都采取这样的两类祭供方式。举办祭供时常把牺牲物品烧掉，也有不烧的，把祭品直接端送到神像面前。作为公众团体的成员，每个人都有义务祭供神祇，否则，便会被视为对团体的犯罪。

进行非血腥祭供时常常摆上各式糕点。人们发现即使在祭供牲口时，也不忘在牲口身上撒一些大麦或大麦面。比较流行的是把切碎的肉裹在面糊糊里烧化。面糊糊呈稠软状，和上蜂蜜，然后投入火中烧尽。除了糕饼以外，各类水果或者野果，尤其是葡萄甚至橄榄枝条，当然也有乳酪和蜂巢，这些都是非血腥祭供的上等佳品。

血腥祭供又分两种形式：一种是膳食祭供，神祇只能得到一部分牲口或动物；另一种是把宰杀的牲口或动物全部烧掉祭供。膳食祭供习惯于作感谢或请求神祇，神祇可以从宰杀牲口中得到某一特定的部分；另一种祭供一般是给冥界神祇提供祭礼，给死者以及英雄们祭供牺牲，主要是重归和好、忏悔赎罪以及立誓愿的祭礼。这时，人们把牲口和动物全部烧掉。他们相信，吃过这类祭供物的神祇会帮助凡人完成诸多的愿望和任务。

膳食祭供的过程是这样的：牵来一头祭供的牲口，一般是一头牛、一只羊或一头猪。牲口头上戴着花环，被送上祭坛。主持祭供的祭司手拿一块燃烧的木板，他将木板浸入水中，弹洒祭坛、参加祭礼的众人和祭供的牲口。然后，由祭司本人，或者由在场的人抓一把大麦投入火中，洒在宰杀的牲口头上。一名神职人员随后发问：“谁在这里？”在场的人一致回答：“许多好人！”因为参加祭礼的人必须纯洁，不能沾染罪孽。接着分发祭礼，周围一片寂静，大家进行祷告，有人趁着笛声宰杀牲口。牲口血一般流在祭坛上，或者用盛器接住，然后涂抹在祭坛上。牲口脑袋被切下以后，人们再剔出内脏和骨头，把肉分类。内脏和骨头主要用来祭供。有时，人们也把牲口的肉烧掉，用以显示重要的祭供活动。等到祭司宣告祭礼的良好效果时，人们又会吹笛助兴，然后烧烤牲口肉，每人吃上一块。古希腊人举办的百牲大祭，除了借以表彰神祇外，也包括宴请众人的意思。

与这类祭供相连的还包括忏悔和死者祭礼。这类祭礼通常是给赐福予人的大地神明或者给地下世界的阴暗势力表示意向，借以缓和他们的愤怒，防止伤害。人们趁深夜或傍晚在祭坛前宰杀一头黑猪或黑牛，牛血从祭坛上流下去，或者从空心的陶器脚底流入地下，牛的身体被彻底烧掉。

血腥祭供让死者饮血的礼仪来源于民间简单的认识。古希腊人认为死者身上没有了流动的血液，他们会十分向往饮血。随着时间的推移，血腥祭礼的风俗越来越少，人们慢慢地取用纯洁的美酒、牛奶、蜂蜜、清水和香油等作为祭品。

第九章　火炬从这里点燃

奥运火炬在古希腊

普罗米修斯盗火的故事

传说普罗米修斯是泰坦巨人之一。在宙斯与巨人的战争中，他站在新的奥林波斯山神一边。他用黏土造出了第一个男人，雅典娜赋予了这个男人灵魂和神圣的生命。普罗米修斯还花费了很多时间和精力创造了火，并将火赠予了人类。

普罗米修斯

在第一次神与人的联席会议上，这个会议将决定烧烤过的动物的哪一部分该分给神，哪一部分该给人类。普罗米修斯切开一头牛，把它分成两部分：他把肉放在皮下，将骨头放在肥肉下。因为他知道自私的宙斯爱吃肥肉。宙斯却看穿了他的把戏。

普罗米修斯偏袒人类，这使宙斯感到不快。因此，他专横地把火从人类手中夺走。然而，普罗米修斯设法窃走了天火，偷偷地把它带给人类。宙斯对他这种肆无忌惮的违抗行为大发雷霆，他令其他的山神把普罗米修斯用锁链缚在高加索山脉的一块岩石上，一只饥饿的老鹰天天来啄食他的肝脏，而他的肝脏又总是重新长出来。他的痛苦要持续三万年，但是他坚定地面对苦难，从来不在宙斯面前丧失勇气。最后，海格立斯使普罗米修斯与宙斯恢复了他们的友谊，找到了金苹果，杀死了老鹰，解救了人类的老朋友。

古希腊的火炬传递

作为一种神圣的象征，火的历史可以追溯到史前。火在希腊历史上代表着创世、再生和光明。在希腊神话中，火是赫菲斯托斯的神圣象征，是普罗米修斯从宙斯手中偷得赠送给人类的礼物。

在每个古希腊城邦的中心，都有一个燃烧长明圣火的祭坛，而城邦居民每家每户也都有长明圣火，以供奉女灶神赫斯提亚。在古奥林匹亚城的议事大厅有一个供奉赫斯提亚的祭坛，祭坛的圣火是用凹面圆盘或镜面聚焦太阳光点燃的，圣火永不熄灭。

火炬传递最早在古希腊是作为一种宗教仪式在夜晚举行，时隔不久就逐渐转变成了首先在青少年当中兴起的一种团体竞技运动，并最终演化成了最为流行的古希腊体育项目之一。

古希腊人举行火炬传递比赛，参赛者须传递火炬直到终点。古希腊火炬传递的宗教仪式每四年举行一次以祭奠女神雅典娜。圣火由火炬手用最快捷的方式进行传递。火炬传递的起点是普罗米修斯的祭坛，终点是设于古雅典卫城的女神雅典娜祭坛。当时的火炬传递由40位来自10个雅典人部落的青年来完成，全程一共2.5公里。

奥运会的诞生

奥运会的起源

古希腊是一个神话王国，优美动人的神话故事和曲折离奇的民间传说为古奥运会的起源蒙上一层神秘的色彩。一种传说认为古代奥林匹克运动会是为祭祀宙斯而定期举行的体育竞技活动，另一种传说与宙斯的儿子赫拉克勒斯有关。赫拉克勒斯在伊利斯城邦完成了常人无法完成的任务，不到半天功夫便扫干净了国王堆满牛粪的牛棚，但国王不想履行赠送300头牛的许诺，赫拉克勒斯一气之下赶走了国王。为了庆祝胜利，他在奥林匹克举行了运动会。

关于古奥运会起源流传最广的是佩洛普斯娶亲的故事。古希腊伊利斯国王为了给自己的女儿挑选一个文武双全的驸马，提出应选者必须和自己比赛战车。比赛中，先后有13个青年丧生于国王的长矛之下，而第14个青年正是宙斯的孙子和公主的心上人佩洛普斯。在爱情的鼓舞下，他勇敢地接受了国王的挑战，终于以智取胜。为了庆祝这一胜利，佩洛普斯与公主在奥林匹亚的宙斯庙前举行盛大的婚礼，并且安排了战车、角斗等比赛，这就是最初的古奥运会，佩洛普斯成了古奥运会传说中的创始人。

奥运会的起源，实际上与古希腊的社会情况有着密切的关系。公元前9～前8世纪，希腊氏族社会逐步瓦解，城邦制的奴隶社会逐渐形成，建立了200多个城邦。城邦各自为政，无统一君主，城邦之间战争不断。为了应付战争，各城邦都积极训练士兵。斯巴达城邦儿童从7岁起就由国家抚养，并从事体育、军事训练，过着军事生活。战争需要士兵，士兵需要强壮身体，而体育是培养能征善战士兵的有力手段。战争促进了希腊体育运动的开展，古奥运会的比赛项目也带有明显的军事烙印。连续不断的战事使人民感到厌恶，人们普遍渴望能有一个赖以休养生息的和平环境。后来斯巴达王和伊利斯王签订了“神圣休战月”条约。于是，为准备兵源的军事训练和体育竞技，逐渐变为和平与友谊的运动会。

奥运会的产生

要说到奥运会的产生，让我们追溯到那个充满战争和疾病的古希腊时代。

古希腊是一个城邦制的国家，没有统一的君主，城邦之间各自为政，外来入侵、内部纷争和镇压奴隶起义的战争连年不断。其中的伊利斯和斯巴达是较为强大的城邦。

公元前884年，伊利斯发生了一场灾难性的瘟疫，居民一个个病倒、死去，往日繁荣的奥林匹亚出现了满目疮痍的景象。斯巴达人乘机向伊利斯发动了侵略战争。可是没想到伊利斯人宁死不屈，顽强抵抗，斯巴达人久久不能攻克。后来，在希腊其他城邦的调解下，斯巴达王和伊利斯王订立了神圣休战条约，规定奥林匹亚为定期举行庆典的地方，是神圣不可侵犯的和平圣地，任何人都不能携带武器进入奥林匹亚，否则就是对神圣条约的背叛，各城邦有权对背叛者进行制裁。

古希腊人为了应付战争而从事体育活动

此外，古希腊人为了应付战争和积极发掘兵源，需要有强健的体魄，这就促使了人们去从事体育活动。战争促使了古希腊体育活动的开展，但战争也使古希腊走向了反面，人们生活在水深火热之中。人们逐渐厌恶这种不断毁人家园、夺人子女的残酷厮杀，渴望和平的生活环境，渴望有休养生息的机会。于是为准备兵源的军事训练，为强健体魄的体育竞技，逐渐变为和平与友谊的运动会——古希腊运动会，就有了人类历史上的第一届奥林匹克运动会。其实，公元前776年在奥林匹亚举行的运动会只是古希腊四大运动会之一，另外三个是：祭奉太阳神阿波罗的皮西安运动会（四年一次），举办地在泽菲尔；祭奉海神波塞冬的伊斯特米亚竞技会或地峡运动会（两年一次），举办地在科林斯；祭祀宙斯的尼米安运动会（两年一次），举办地也在科林斯。不过它们都没有奥林匹亚运动会的规模大。

古奥运会最早的竞赛项目只是200码（约182米）短跑，后来逐渐丰富起来，有摔跤、投标枪、赛马和赛车等。除了那些犯叛国罪和对神不敬的人，每个有力气、身体灵活的希腊公民都可以参赛。运动会结束，优胜者要戴上用橄榄枝编成的王冠，这就是人们常说的桂冠。戴着桂冠的人比国王还要受到人们的崇敬，有人甚至把他们当作神一样来崇拜，运动会的闭幕式上将举行“国宴”招待他们。

让我们想不到的是，在2000多年前的古希腊，战争会为奥林匹亚运动会让路，交战的双方暂停攻击，等到5天运动会结束以后再继续开火。后来休战期延长到一个月，最后是3个月。最令人难以理解的是，即使在外敌入侵时，希腊人仍然把运动会放在第一位，因为每个希腊人都把看奥运会当作一生幸福的大事。

宗教习俗对古代奥运会的影响

古代奥运会是一种泛希腊的宗教庆典，它是以祭神为主，内容和形式多样的地方性宗教祭典或庆典。体育竞技只是其中一部分。所以古代奥运会与宗教习俗活动关系密切，它的活动内容和形式无不打上古希腊宗教习俗的烙印。

古希腊人认为，奥林匹斯山是一个神的天国，居住着12个巨神，维护着天地间的秩序。宙斯是诸神之王，主宰人间天上的一切，具有至高无上的权威。其他众神也都具有超人的权能、智慧和法术。人们只有同他们建立恰当和善的关系，才有利于生存，于是就产生了祭神的方式，顶礼膜拜，向神灵表示虔诚，祈求宙斯及诸神的保佑。

希腊人还认为，神和人同形同性，同样有喜怒哀乐，因此能取悦人的一切最美的东西同样也能够取悦神灵。在这个崇拜英雄和力量的尚武民族的审美观念中，超人的力量、协调的动作、惊人的速度、完善的技艺，还有发达的骨肉，都是人类最美好和崇尚的东西，自然也是奥林匹斯山诸神喜欢的，因此，在祭坛前向神灵献上技艺，展示自己的健与美，博取诸神的欢心，便成为最虔诚的宗教祭祀。以竞技形式表示对神灵和英雄人物崇拜的宗教习俗，早在荷马时代就已经存在。荷马史诗曾记载了许多祭祀竞技，项目涉及战车赛、拳击、角力、赛跑、掷铁饼、投标枪、格斗、射箭、翻筋斗、球戏、游泳、跳水等。这种带有宗教色彩的竞技活动逐渐形成许多竞技赛会，主要有奥林匹亚、皮西安、伊斯特米来和尼米安四大祭神竞技会，另外还有专为妇女组织的赫拉竞技会。由于宙斯是希腊诸神之王，祭祀宙斯的奥林匹亚竞技会发展成为整个希腊民族统一的祭祀竞技赛会。

古希腊奥运会的起源有着极其深刻的社会基础和历史根源。它是在古希腊竞技运动和当时社会政治、经济和文化等因素长期影响的产物，是在古希腊各城邦长期征战驱动上，在宗教习俗的作用下而逐步形成的。

奥运会为何产生于希腊

面朝大海的地理条件

古希腊这个国家确实很有酝酿奥运会的基础，这个你不服也得服，主客观条件都摆在那儿，只有它最适合。

首先就是它的地理位置。古希腊的地理位置很好，真正是面朝大海春暖花开，它三面环海，是欧洲、亚洲和非洲交接的地方。它的东面是大家非常熟悉的爱琴海，与西亚的波斯帝国遥遥相望；它的西面也是海，叫爱奥尼亚海，是神话中宙斯的情人爱奥被放逐的地方；它的南面是地中海，隔着这片海望过去，海的那边又是一个伟大的国家——埃及。

希腊和几个文明古国成为邻居，这种文化的交融碰撞和贸易的互通往来是得天独厚的，再加上希腊的海上交通十分发达，也为这种融合创造了很好的条件。所以，古希腊的科学文化艺术体育在当时都是世界级的。

一个海洋国家自然是海洋性气候，这里冬天不冷夏天不热，气候十分温暖宜人，有灿烂的阳光、湛蓝的海水、软软的沙滩，现在很多人都选择到希腊度假。

希腊人特别崇尚自然，喜欢户外运动，这种与大海为伴的生活也养成了希腊人心胸开阔、敢于冒险和竞争的性格，具有很强的包容性。这些运动的影子，也为后来奥运会的产生奠定了基础。一句话，古希腊人天生就长着一张运动的脸。

发达的人文资源

古代奥运会诞生在希腊有其特殊的文化背景，这个背景与希腊的宗教文化有很大的关系。

在希腊人心目中，他们的神居住在奥林匹斯山上，那里有12个主要的天神维持着天地间的秩序。与其他文明对神的“恐惧”和“敬畏”不同，希腊人认为这些神明平时在山上整日寻欢作乐，有时甚至下凡人间，与人争风吃醋，各执一方，互相争斗。于是，人只有同这些神建立和谐的关系才能有利于生存。这样，祭祀神明也便成了古希腊一项有意义的宗教文化活动。祭祀的方式与其他民族不同，他们不是“恐惧”和“敬畏”，而是一种“调皮”的讨好和献媚。他们用各种裸露的人的肢体活动（类似于巫术的肢体活动）来表示对神的崇敬和感激。

于是，希腊人发明了一种伟大的体育游戏，这的确是一种特别的宗教方式！后来发展成为奥运会，也就是说古奥运会有一项宗教使命：用竞赛的方式来祷告神灵、祈求福祉、使神欢娱。因此在奥运会中取得冠军也就代表了胜利、成功、锦标、力量、美丽、强大等美好的东西，更重要的是得到了神明的青睐。可见，古代奥运会在希腊的诞生，确实是希腊民族的“一种乐天的戏剧化气氛”。

特别的政治背景

由于希腊特殊的地理条件造成了不同的生活方式，导致了希腊形成了以城邦为主体的经济活动方式，进而产生了区别于任何其他文化区域或文明古国的“奴隶制民主政治”。这种政治体制为希腊体育的繁荣奠定了决定性的历史保障。

一般认为，第一届古代奥运会诞生于公元前776年，这是有记录的，并以此为历史纪年方式的奥运会。

从古希腊的奥运竞技开始，奥运始终扮演着追求和平、增进友谊的角色。古希腊政治体制下的割据状态使各城邦之间矛盾不断，矛盾的激化需要用战争的方式解决，而体育竞技提供了战前训练的最佳手段；另一方面，城邦之间的相互交流又是必不可少的，这势必需要把矛盾控制在一定的范围内，于是，古奥运的竞技场便自然而然成了敌对双方发泄愤怒的无硝烟的战场。这在客观上减少了敌对双方荷枪实弹的拼杀，有助于维护地区的和平与稳定。

真正体现了奥运在追求和平、增进友谊的目标上做出努力的典型实例是“神圣休战”的缔结。伊利斯王和斯巴达王在公元前884年达成了一项定期在奥林匹亚举行集会的协议，并缔结了《奥林匹克休战》盟约，即“神圣休战”。如果说体育竞技这一战前的必备手段在客观上促进了城邦之间的和平，那么，“神圣休战”的缔结则是希腊人民将主观上的和平意愿见之于行动的表述方式，而后者之于前者更具主动性。“神圣休战”绵延多少个世纪，这其中也不乏多次破坏“神圣休战”的事例。然而，它所展示的奥林匹克的和平精神，它所具有的增进友谊、促进团结的特殊意义，都使它备受推崇进而被载入史册。

当今世界和平问题仍然是国际政治中的重要问题，在这种背景下，“现代奥林匹克休战”不仅是对“神圣休战”的继承与发扬，更是对和平与友谊等奥林匹克精神的直接实践。

奥运健儿何以裸

据说，古希腊的奥运会的运动健儿都是裸体参赛的。当时有很长时间是不准许女性进入赛场的，要看只能在很远的地方。进门左侧背后的大山坡上，可以让已婚女子观看，未婚女子只能在进门正前方一公里处的山头上远眺。

奥运健儿

其实，这种古希腊竞技场的观众规则，时兴裸体运动与这个民族和国家的宗教信仰和生活观念有关。希腊人崇尚自然，率性而为，没有太多繁缛的道德禁忌。他们以裸体为荣，以健美发达的躯体为荣，不喜欢矫揉造作的虚饰。

为什么说与他们的宗教信仰与世界观有关呢？古代奥林匹克竞技会的一个重要原因是为了祭祀神灵，他们的神不仅众多，而且具有人的一般形体和一般性情，与人非常相像，神人同形同性。

宙斯是一个身材魁梧的形象，是男性的典型与楷模。女神“断臂维纳斯”，仅从形体上来看，几乎具有无法超越的典型意义。他们都是理想化的人，是美丽的人体。希腊诸神与其他民族的神灵最大的不同，就是具有人的性情。他们与人一样，有正常的七情六欲，有人的优点也有人的弱点。比如奥林匹斯山上的诸神经常跑到人间来滋生是非、拈花惹草。风流成性的男神，一旦看中了人间的美貌女子，就要想方设法弄到手。女神的情况也一样。而神与人的结合，生下的孩子就是“英雄”，在希腊叫半神。这些神人结合的神话，恰恰说明了希腊神话是没有什么太多的道德观念的，希腊人在他们的神话传说中往往超越道德观念，它所表达的东西与我们自然的人性非常切近。

希腊人把崇拜神灵的宗教活动与展示自己身体的力量、速度和敏捷性的竞技活动结合在一起时，是以一种童雅之趣来表达对大自然的热爱。正是对人的自然形态的崇拜，对人的本性的痴迷，他们才进行裸体竞技活动，人从大自然中来时一丝不挂，在展示自己魅力时与大自然融合在一起。那种自然融洽、天人合一的情趣，是现代奥林匹克运动不可超越的。

第十章　古希腊人的生活法则

优雅、飘逸的古希腊服饰

古希腊文明一直被人们推为西方文明的发祥地。它悠久的历史，灿烂的文化，是影响和推动欧洲社会发展的重要精神支柱。古希腊的服饰及其文化对欧洲传统服饰和近代服饰风格的形成起到了不可磨灭的促进作用。

约公元前4世纪，世界服装进入了以欧洲希腊为代表的时代，这个时代的希腊人以其涌动不息的创造激情，创造出了无比幽雅、无比轻松的整体形象，从而被后世树为楷模，称之为古典而完美的形式。后来的罗马文明也深受其影响。

古希腊民族，是一个性格豪放、开朗且又浪漫的民族，追求个性，崇尚艺术，热爱生活，其服饰充满了自然、清新、单纯和高贵的特点。古希腊人的服装，在性别、年龄上区别不大，通常由几块布料围住身体，再以胸针或扣结系牢，形式简便。

由于希腊女神形象的深入人心，白色成了希腊服装的代表色。古希腊服饰整体感觉舒适慵懒，突显上身，不注重腰身，胸线以下多为直筒轮廓。宽松的设计加上褶皱、垂坠和立体花卉的白色几乎成了希腊式服装的经典搭配。

他们特色服装的整体，被称作“基同”。由于不同地区的基同和穿着方法存在差异，可分为陶立克式和爱奥尼亚式两种。

陶立克式用一整块面料构成，是一种长至膝盖的短袖束腰外衣，呈矩形，其长边大于着装者的高度，宽为伸直手臂、指尖到指尖的两倍。它用软羊皮制成，多为紫色、红色或蓝色。穿着时，将长余的部分向上折叠，使矩形对折，并围绕身体褶裥垂披于左边，将腰部与胸部用扣针固定于肩，胸部用腰带稍加悬吊，两侧各留穿孔以便双臂伸出。由于腰带上部将其拉出缩短了衣长，从而形成了一个宽大的罩衫。手臂裸露，右边散开并未加连接，为的是便于活动。它与贯口式的服装不同，不是在布料的中央挖洞，而是充分发挥别针的固定作用。它将对折线放在一侧，另一侧则任凭它敞开着，稍有微风就可将它吹拂起来。

爱奥尼亚式是一种长至膝盖的短袖束腰外衣，上身没有向外面翻折，只是用腰带将宽松的长衣随意系扎一下即可。两肩系结处不止一个别针，而是多少不等，形成自然的袖状。也有将陶立克式和爱奥尼亚式两者结合起来，或露出腰带，以显示健美的形体；或系扎两条腰带，一条系于乳下或腰间，一条系于腰下胯部，使两条腰带之间的布料蓬松，出现各种意想不到的变化；或是尽量将衣服上提，以缩短衣服的长度，便于活动。有些男性穿基同时，将布料斜在胸部系扎，即一端在肩上，一端在另一臂的腋下，这样更显出几分英武和洒脱。

古希腊人创造了希腊风格的服饰，给古希腊男女的人体美注入了不同寻常的活力。它表现出来的人类追求自然、美好、和谐的精神境界已成为一种超越历史而存在的崇高象征；它的松弛、舒展、随意的造型风貌已凝练为一种跨越时间长河的经典风格；它的灵动的褶裥线条、多变的款样形式、精彩的系扎、别针、装饰细节等已化为穿越时空隧道的典型符号，成为人们美妙乐章的重要音符。

古希腊人的简朴之风

古希腊人的房屋非常简朴，甚至富人们都居住在土坯的大房子里。希腊人的屋子由四面墙和一个屋顶组成，有一扇通向街道的门，但没有窗户。厨房、起居室、卧室环绕着一个露天庭院，庭院里有一座喷泉或是一些小型雕塑，还有几株植物，使整个环境显得宽敞明亮。如果不下雨或者天气不太冷，一家人就生活在庭院里。在院子的一角，有厨师（是奴隶）在烹调食物；在院子的另一角，有家庭教师（也是奴隶）在教孩子们背诵希腊字母和乘法表；在又一个角落，屋子的女主人和裁缝（也是奴隶）在缝补男主人的外套。

当晚饭准备好时，全家人便围坐在一起就餐。饭菜很简单，不用多长时间便吃好了。古希腊人似乎把饮食当成一件无法避免的罪恶，不像娱乐，既能打发无聊的时光，又能冶情益智。他们主要吃面包，喝葡萄酒，外加少许的肉类和蔬菜。他们喜欢在餐桌上聚集一堂，主要是为了更风趣的交谈及品味美酒饮料。不过，他们懂得节制的美德，喝得酩酊大醉是遭人蔑视的行为。

古希腊人餐桌上盛行的简朴之风，同样表现在他们对衣饰的选择上。他们爱干净、整洁，头发和胡子梳理得有条不紊。他们从不追赶亚洲的流行式样，穿那些色彩艳丽、图案古怪的服装。男人们通常着一袭白袍，看上去就像现代身披蓝色披肩的意大利官员一样时髦而有风度。

简而言之，古希腊的生活不仅节制，而且简朴。因为他们要将自己的日常需要压缩至最低的程度，维持精神的真正自由。

节日狂欢

古希腊最初的节日是为神而设，他们用两种方式敬神，一是向神祭以牛羊肉、水果等丰盛的食物，二是向神献以热情的音乐歌舞。在希腊，奥林匹斯山上的神是一群特权阶级，希腊人希望与神搞好关系，加强沟通，让神不要给他们降临灾难，并保护他们和平安康。

敬神活动是集体性的无意识的精神慰藉。在雅典，一年就有50多个节日，最重大的节日当属“泛雅典娜节”与酒神节。

泛雅典娜节每年一月举行，起初为两天，公元前566年（奥林匹克运动会创办的二百年后）改为每四年一举行，为期六天，有希腊人喜欢的各项竞技，还有朗诵、舞蹈、音乐比赛，内容从竞技向文化娱乐转换，庆典活动从圣火传递开始，太阳初升的时候向雅典娜女神献祭，圣火途经市政广场等地送达雅典娜神庙。节庆的高潮是迎回雅典娜神像，从圣地将神像接回，神像抵达城市时万众迎接，长老手持橄榄枝，男子敬献牛羊，贵族们骑在马上凝望，少女敬献花篮，还有妇女为女神准备好绣花衣袍。

雅典的酒神节也就是戏剧节，酒神节有三个，其一为乡村酒神节，每年6月举行，游行队伍中一人高举巨大的男人生殖器模型，象征着生命在春天勃兴、万物繁荣，整个过程迷狂沉醉，然后就是观看大剧场里上演的悲剧。其二是勒那节，在7月举行，这也是他们的休闲季节，主要活动是在大剧场里观看戏剧。其三是城市酒神节，是规模最大的酒神节，每年3月举行，仍然高举着男性生殖器具游行，酒神的男性意义与性狂欢意义昭然若揭。

无论是举办奥林匹克运动会还是举办泛雅典娜节、酒神节，古希腊人无不以神的名义来召集公众，“神”是一根神圣的“绳”，将希腊人维系成一个精神整体，而随着理性精神的弘扬，希腊古典文明中，神的概念日渐被人的精神所替代，神成了幌子或旗帜。

婚礼进行曲

古希腊的婚姻传统和中国的有些相似，讲究门当户对。而且在古希腊的婚姻中，新郎要比新娘年长很多，一般认为这是顺应自然法则，因为女人比男人老得快。所以欧里庇得斯明确地说过：“让一对年龄相仿的男女结为夫妻是完全错误的。男子的精力可延续长久，而女子的身体容貌最易凋谢。”

对于一个待婚青年来讲，如果找到自己的意中人，依靠媒人或自己就可以订婚了。通过订婚这一行为以后，双方要结为连理的意愿就得到了其他人的认可。按照通常的习惯，这时要确定嫁妆的数额。有些家里非常穷的，实在拿不出足够的嫁妆，就需要借助外力，有的是依靠当地慈善的富人，有的是国家给出嫁妆，当然这也是有条件的，需要女方的家长品德必须高尚。

《赛姬的婚礼》（班·琼斯）

古希腊女方的嫁

妆除了钱以外，还包括亚麻、衣服、珠宝装饰、家用物品和家具等，有的家庭比较殷实的，还会额外给女儿加上奴隶。

订婚的程序完结以后，新娘家就办起了家宴。

年长的岳父手中紧握的金盏里满溢美酒琼浆，让他的乘龙快婿将自己金盏中的美酒一饮而尽，这是作为一个长辈对新郎来到这个新家庭的欢迎。黄金的酒盏是岳父家的珍藏，不为别的，只为这美好的一天的到来。

婚礼之前还有各种仪式，而最重要的当然是给婚姻保护神，特别是赫拉和宙斯献上祭礼。作为牺牲的动物，其胆囊被弃而不用，这是一个很有意思的象征，象征着新的婚姻要远离“胆汁和怒气”。有时候新人们也会想到雅典娜、阿尔忒弥斯和其他的神。按惯例，结婚当日只会给佛洛狄忒献祭，而在皮奥夏地区的小城塞斯皮亚，新人到爱神厄洛斯的神庙，祈求幸福和神佑。在很多地方新娘还会把自己的一缕头发或腰带献在祭坛上，献出头发象征着告别年少时代，献出腰带则是献出自己的贞洁。

新娘在献祭之前或之后沐浴。水是由一个附近的少年从当地有来历的泉或河里打来的，如在雅典就是卡里尔荷泉，在忒拜则是伊斯门尼斯河。

在宴席上他们会吃一种饼，这一种饼是常见的美食，还有象征意义。席间一个身上饰以荆棘和橡树叶的裸身美少年会端着盛有芝麻饼的盘子奉给宾客，同时还要大声说：“我避过了不好的，找到了良人。”席间自然是相互举杯祝身体健康，席毕，新娘会坐进一辆牛、骡子或马拉的车，坐在新郎和他的最好的朋友或最亲的亲戚之间。

当新娘到达新郎家里后，她所乘坐的车的车轴要被烧掉。这被视为新娘永不想离开夫家的征兆。

如果是鳏夫再娶，他自己不会参加婚庆，而是在家等候他的朋友把新娘带过来。

婚礼行列中火把必不可少，由新娘和新郎的母亲点燃，然后由婚礼队伍中步行的人一路高举。当婚庆队伍在长笛的伴奏下穿过城区的街道时，遇上的人都会恭贺，戏谑地告诫新人一番，队伍里参加婚礼的人则会唱婚礼歌曲。

年轻的新人在姑娘们的歌声和轻柔的长笛声中进入新婚之夜。

第二天早上，新婚夫妇被婉转的鸟叫声唤醒，清点亲朋好友送来的礼物。从这一天开始，新娘可以摘掉在娘家做姑娘时戴的面纱，因为她的面纱已敬献给婚姻之神赫拉。就在这一天新郎在父亲家或自己家请亲朋好友吃饭，妇女们都不能参加，新娘也不例外。而这顿饭通常是由新娘来准备，让她借这个机会展示一下自己的厨艺。这次的宴席是婚礼最严肃最正式的尾声，也正是因为这个原因，请来做见证的客人越多越好。

希腊教育

公元前6世纪到公元前4世纪的古希腊雅典的美育思想和美育活动，对后世的影响极为深远。雅典未满7岁的男女儿童要接受家庭教育，内容主要是各种审美游戏，如掷骰子、猜单双、玩球、雕塑等，同时给他们讲述故事和神话，培养各种有礼貌的行为。家庭就成了希腊儿童的第一所学校，他们的父母就成了他们的第一任老师。

家庭教育从善待老人开始

古希腊人很早就懂得，善待父母也就是善待自己，因为家族的传统往往是一辈留一辈，代代相传，自己对父母如何，自己的子女会看到眼里记在心里。

雅典法律规定，儿子必须奉养年迈或羸弱的父母，而较法律更受人畏惧的舆论，则叮嘱年轻人对待尊长须谦逊有礼。所以，古希腊人在管好自己的小家庭的同时，从来不忘照顾年迈的父母亲。如果子女远离父母居住，或是遇到有战事出征，那么一定会时常回家或在战后赶回家看望老人，帮老人做些家务，同老人共聚同乐，尽一份子女应尽的责任和义务，如此日长时久，他们的孩子耳濡目染、潜移默化，也就逐渐养成了尊敬长辈，孝敬父母的好习惯。

希腊儿童的教养教育

世上不挑食的孩子很多，但整个国家的孩子都不挑食，你听说过吗？事实上，这样的国家的确存在，它就是古希腊。在餐桌上，所有的孩子都必须有礼貌地吃掉面前的饭菜，就像他们那极有绅士风度的父亲一样。

由于古希腊人极其崇尚体育运动，因此，为了培养健美、强壮的下一代，家长在自己的孩子刚开始端起饭碗学吃饭的时候，就教育他们不许挑食，凡摆在饭桌上的食物都必须同样地摄取，而且不许剩饭。值得一提的是，这时候的教育并不是说教式的，而是给孩子讲道理，告诉孩子为什么每一样食物都必须吃一些，如果单吃一种而拒绝其他食物会造成怎样的后果等，而且为了让孩子能够真心地信服，家长总是以身作则。

古希腊人非常热衷于优雅的生活方式，那是身份和地位的象征。而这种优雅的生活方式往往从一个人的仪态仪表上体现出来，因而，家长从孩子懂事起，就开始潜移默化地培养和训练他。无论是举手投足，还是穿衣打扮，都力求让孩子有教养学，成为既符合自己的身份，又舒适得体，令他人尊重的人。

古希腊家长的赏识教育

“赏识教育”就是以赏识的眼光来看待孩子，充分尊重孩子自己的意愿，根据孩子的特点因势利导，发展孩子的特长，随时表扬孩子取得的一点点进步，以微笑来表示对孩子的欣赏和赞扬，从而培养孩子快乐的性格和不自卑的健康人格，让孩子回归主流社会，做一个快乐的人。

在古希腊，那些聪明的父母们就已经开始运用这一教育方法了。在教孩子学说话、学走路时，父母就开始用“赏识教育”，积极鼓励孩子。随着孩子的长大，父母会一直留心每个阶段的变化，给孩子以尊重和信任，想方设法挖掘孩子身上的优点，及时表扬激发他们身上蕴藏着的无限的潜能，把自己的孩子培养成值得父母和家庭骄傲的人。

古希腊家长的健美教育

在古希腊，每一个孩子都知道，人的身体是神圣而美丽的。作为一个人，就应当使自己的身体保持健美，这样才不失为一个完美的人。正是在这种思想熏陶下，这个神话般国度里的希腊人就像传说中的希腊天神一样，男士有着俊朗的轮廓、强壮的体魄，女士则有着傲人的身材曲线。

古希腊的父母十分注重孩子的健康锻炼，运动是他们的生活中不可缺少的内容。为了让每一个孩子都珍爱自己的身体，古希腊人尽一切所能地让他们对“健美”耳濡目染。在古希腊城邦的大小公私场合，都充斥着各种表现男性身体的艺术品。当古希腊人带着自己的孩子在集市上闲逛的时候，他们会为孩子讲解那些装饰在各种建筑上的再现过去战争场景和武士英勇善战的壮观画像。

古希腊人对好身材的热爱几乎到匪夷所思的地步，为了使自己拥有健美的“魔鬼身材”，他们带着美好的憧憬一趟趟前往健身场所，乐此不疲地锻炼身体。选择适合自己的健身场所，锻炼身体、节食、聘请私人教练，所有这些都是古希腊平民生活的一部分，也是每一个孩子必须经历的一个过程。

古希腊人的美德观

在古希腊人认同的所有美德之中，智慧是最重要的，他们认为这种美德引导其他美德。智慧带来良好的判断能力，它能使我们做出明智的决策，这些决策无论对于我们自身还是其他人都是有利的。智慧告诉我们如何将其他美德付诸实践——什么时候行动、怎样行动，当不同的美德发生冲突时如何进行平衡。举个例子来说，当诚实地说出真相将有损于某个人的感情时，不同的美德就发生了冲突。智慧能使我们正确地辨别事物，明白什么是生活中真正重要的，并给出优先次序。

古希腊人把第二种美德命名为公正。公正意味着尊重所有人的权利。黄金规则是公正的一条准则，可以在世界范围内的文化和宗教里找到，它引导我们对待别人就像希望别人对待我们那样。既然我们自己身为人，所以公正同样要求我们尊重自己，也就是正确地关注我们自己的权利和尊严。在学校的品德教育课上，人们总是把精力集中在公正上，因为它包含许多人与人相处的美德——礼貌、诚实、尊敬、责任心、宽容。

第三种美德是坚忍不拔，这种美德常常被人忽略。坚忍不拔能使我们在面对困难时做我们应该做的。在生活中，正确的决定往往是很难做出的。有一句类似的格言这样说道：“当你坚持不懈时，困难将离你而去。”正如教育学家詹姆斯·斯滕森观察到的，坚忍不拔是一种内在的刚毅，它能使我们克服或忍受艰苦、挫败、困难和痛楚。勇气、开朗、耐心、毅力、忍耐和健康的自信代表了坚忍不拔的各个方面。

古希腊人将自我控制作为第四种美德，自我控制就是克制自我的能力。它能使我们控制自己的脾气，节制自身的肉欲和激情，并去追求平静的、合法的、适度的快乐。它是抵制诱惑的力量。它能使我们去等待，并在达到更高、更远的目标时延迟获得的满足感。有一句古老的谚语道出了自制对于有道德的人生是多么重要：“要么是我们控制自己的欲望，要么是欲望控制我们。”在缺乏自我控制的时候，不顾后果和犯罪的行为总是大量发生。

第五种重要的美德就是爱。爱远远超越了公正，爱在给予而公正却在要求。爱是为另一个人做出牺牲的良好意愿。一大堆重要的人类美德——怜悯、同情、善良、慷慨、服务、忠诚、爱国等等，这一切构成了爱的美德。华盛顿·贾维斯在他的《爱和祈祷者》一书里这样写道：“爱，不希图回报的无私的爱是宇宙当中最强大的力量。它对于爱者和被爱者的影响都是无法估量的。”爱是一种要求很高的美德。

积极的人生态度是第六种美德。如果你对人生持有消极的态度，那么你会成为自己和别人的负担。如果你态度积极，那么你对你自己和别人来说都会充满意义。满怀希望、热情、灵活和幽默感，构成了积极的人生态度的方方面面。

勤奋工作是必不可少的第七种美德。在人的一生当中，工作没有替代品。伟大的篮球教练约翰·伍登曾说过：“你能否在世界上找出一个独一无二的人，他没有经过太多的努力就达到了个人事业的巅峰，我想你不能。”勤奋工作包含了进取心、勤勉、设定目标和随机应变。

第八种重要的美德是正直。正直坚守了道德的基本原则，忠于我们的良知，信守诺言，并维护我们的信仰。拥有正直意味着个人的“全面发展”，因此我们在不同情况下所说的话和所做的事是前后一致而不是互相矛盾的。正直不同于诚实，诚实是告诉别人真相，而正直是告诉自己真相。作家乔希·比林斯认为：“最危险的欺骗形式就是自欺欺人。”自欺欺人能使我们做我们所希望的甚至是罪大恶极的事情，并找借口使自己的行为看起来合理。

感激是第九种美德。作家安妮·赫斯特德·伯利认为：“感激就像爱一样，不是一种情感而是一种意愿产生的行为。我们选择去感激，就像我们选择去爱一样。”感激常常被描述为幸福生活的秘方。它提醒我们：我们所喝的水都不是从自己挖掘的井里取得的。感激之情要求我们关注日常的祈祷。

古希腊的这些美德不是孤立的，而是相互联系的。它们指引着古希腊走向崇高和辉煌。